正義への責任

―世界から沖縄へ

③

まえがき

２０１４年の秋、海外から、沖縄に基地を強要し続けている米国とその同盟国からの「責任」の声を伝えるべく琉球新報本紙に連載を開始した「正義への責任」シリーズはちょうど3年後、２０１７年秋をもって終了し、この冊子版３巻をもって完結する。

この巻で注目すべきは、日本近代史の大家であるジョン・ダワー氏の長文寄稿である。米国は自ら「テロ爆撃」でベトナムや朝鮮半島を破壊してきたにもかかわらず、「テロとの戦い」と称して中東で侵略戦争を行ってきた。ダワー氏は、米国が「新種のハイパー戦争国家」となったと断じ、米国が「奏でる音楽に合わせて踊るだけ」の日本が、憲法改変によってさらなる軍事主義へと突き進む姿を憂慮する。

映画監督のレジス・トレンブレー氏はもう一歩踏み込み、自国を、United States of War（「戦争合衆国」）と呼ぶ。彼のいう「自分の政府が行ったことについて悲しみと怒りで圧倒された気持ちになった」という思いは、この連載の米国人筆者に共通する姿勢だ。この巻に収録された、私の総括文までの筆者7人も、全員米国人である。

むろん「米国」とはいっても、トレンブレー氏の沖縄、済州島、マーシャル諸島、ハワイ歴訪の姿勢に見られるように、現在米国の領土かどうかということよりも、米国の軍事植民地とされてきたこれらの場所を包括して「米国」を捉える必要があるのは言うまでもない。氏の映画『戦争合衆国』は入植者による先住民殺りくの歴史から始まっており、国家の成り立ち自体が植民地主義によるものだったことを強調する。マリー・クルーズ・ソト氏も、「米国人」であると同時に、島全体の基地化のために追放されたビエケス島住民の子である。

この連載の背景には、2014年1月、映画監督オリバー・ストーン氏やマイケル・ムーア氏を含む103人の世界の識者・ジャーナリスト・運動家が出した辺野古新基地建設反対の声明がある。そういう意味でもこの冊子に、声明直後に島袋良太記者が連載した12人の署名者による沖縄へのメッセージ集も同時に収録されることになったのは意義深いと思う。その中にはカナダを代表する作家の一人であり沖縄にゆかりのあるジョイ・コガワ氏、世界的な環境運動家として知られるデイビッド・スズキ氏らがいる。

私は連載の初回の投稿で、琉球大学の高良鉄美氏からこの「103」という数字は、日本国憲法の条文数と同じだと指摘されたことに言及した。私はこの偶然は、決して偶然ではないのではないかと受け止め、「私たちの行動はこの『103』が示唆する憲法的責任を沖縄に対して果たすことだと思っている」、つまり沖縄への基地押し付けと差別をやめ、日本国憲法の平和主義を沖縄に実現することだと書いた。

しかしあれから3年、米日は辺野古・高江・伊江島等沖縄北部での基地建設・軍備増強および与那国・宮古・石垣・奄美での自衛隊配備で琉球弧全体の要塞化を進め、基地に起因する深刻な事件事故は起こり続けた。さる10月22日の総選挙でも自公連合が圧勝し、政府による隣国の「脅威」を利用した人心の操作と、戦争準備は加速し、いまや名文改憲も俎上に乗っている。「沖縄」が全国的な争点ともならなかった選挙とその結果に対し、沖縄からは「本土の有権者にはやはり絶望するしかない」といった声が聞こえ、返す言葉もない。私たちの声はあまりの少数派で、「憲法的責任」を果たすことからは程遠い状態だ。

しかし、少数派だからこそ言論と行動を続けなければいけないのだと思う。以前、琉球新報編集局長の普久原均さんに言われた、「海外からのこのような声は、自分たちの主張は間違っていないのだという確信につながり、明日の行動への糧になる」という言葉が心に残っている。

この連載において、また冊子発行において、編集を担当してくださった小那覇安剛さん、米倉外昭さん、また連載期間を通じ見守り励ましてくださった沖縄の友人たち、読者の皆さんに心より感謝を申し上げたい。

（2017年10月29日）

乗松聡子

正義への責任　――世界から沖縄へ③

目次

まえがき……3

特別寄稿

あらゆる暴力の時代　ビジョン示す沖縄の運動　マサチューセッツ工科大学名誉教授　ジョン・ダワー……10

特別インタビュー

沖縄は誰の島なのか　基地撤去で正義実現を　作家　ジョージ・ファイファー……23
植民地化した沖縄　「市民巡礼者」として行動を　プリンストン大学名誉教授　リチャード・フォーク……28
軍暴力は民主主義の脅威　分断と弾圧、沖縄と共通　元米陸軍大佐・外交官　アン・ライト……33
米国は「戦争合衆国」　全ての生命　絶滅の危機　映像作家　レジス・トレンブレー……37
沖縄に恩返ししたい　ビエケスと連帯で勝利を　ニューヨーク大学准教授　マリー・クルーズ・ソト……41
対話目指す韓国支持を　融和は米、アジアに有益　ジャーナリスト　ティム・ショロック……45
分有された責任自覚　世界へ発信　努力続けたい　「ジャパンフォーカス」エディター　乗松聡子……49

OKINAWAへ　海外識者メッセージ

海外識者声明（2014年1月）全文と署名者一覧……54
世界が沖縄支援　アメリカン大学教授　ピーター・カズニック……60
市民の抵抗に感銘　アメリカンフレンズ奉仕委員会　ジョセフ・ガーソン……62

裏表紙掲載写真　㊤カヌーに乗って抗議する市民を排除する海上保安庁（２０１５年2月6日、名護市大浦湾）㊥砂利搬入を阻止しようとする市民を取り囲む機動隊（２０１６年10月21日、東村高江）㊦スクラムを組んで座り込む市民（２０１７年11月1日、名護市辺野古キャンプ・シュワブゲート前）

特別寄稿

あらゆる暴力の時代　ビジョン示す沖縄の運動

マサチューセッツ工科大学名誉教授　ジョン・ダワー

米国の学術界では、近年出版された書籍において、冷戦以降暴力は減少の傾向にあり、１９９１年のソ連崩壊後はさらに急速に減っているとの議論がなされている。これは、日本の保守的指導層を含む米国の戦略的政策の支持者たちがずっと主張してきたことを補強するものだ。この人たちは第２次世界大戦以降、核抑止力を含む、軍事化された「パックス・アメリカーナ」（米国主導の国際秩序）が世界における暴力の減少を確実なものにしたとの論を張っている。

しかし私は、第２次世界大戦後の時代について、これよりも暗いレンズを通して見ている。第２次世界大戦でどれだけの人が殺されたか確実に言える人などいない。米国は別として、戦争に巻き込まれた国のほとんど全てにおいて破滅と混乱が広がった。

しかしそれ以上に、こんにちにおいても、戦争関連死を特定し数量化する基準は極めて多種多様である。その結果、第２次世界大戦の死者数は、全世界で軍民合わせて５千万人という信じ難く低いものから、８千万人にも及ぶという推計の幅がある。これらの死者数の中で抜きんでて一番多いのがソ連であり、中国がそれに続く。

このような大量殺戮《さつりく》が基準とされてはじめて、第2次世界大戦以降の時代は相対的に暴力度が低いという議論が理にかなったものになるのであろう。

■愚劣な戦後政策

1945年から1991年まで続いた「冷戦」という誤解を招く婉曲語法《えんきょくごほう》は、この「暴力度が減少している」という主張を補強してしまっている。この時代は、第2次世界大戦のように大国同士が直接対決した武力紛争がなかったという意味で「冷たい」と言えるだけであった。実際この時代は、大虐殺、内戦、部族間や民族間の紛争、反植民地的解放戦争での大国による弾圧、国内政策から派生した大量死（中国やソ連を例とする）を含む、想像し得るありとあらゆる暴力とテロ行為が行われていたのだ。

これらの波乱に満ちた時代から現在にいたるまでのワシントンの戦略的外交的政策は、米国寄りのプロパガンダの中では「平和を維持し、自由と法の秩序を守り、民主主義的価値観を促進し、友好国や同盟国の安全を確保することに尽くす」ということだった。

この一見善良なイメージから欠落しているのは、米国の全くもって愚劣な戦後政策がもたらした重大な危害である。その政策とは、残虐な戦争行為、終わりのない軍拡競争の開始、非自由主義の独裁政権の支持であり、世界中の多くの場所における政治不安や人道的危機の一因となってきた。

こういった破壊的な行動は、2001年9月11日、19人のイスラム教主義のハイジャック犯による世界貿易センターとペンタゴンの攻撃を受けて新しい段階に引き上げられた。米国の強圧的な軍事的報復は、世界規模テロ組織の拡散、拡大中東地域の不安定化と、第2次世界大戦以来類を見ない国内外の難民の大量発生を招いた。

9・11事件に続き侵略されたアフガニスタンとイラクは荒廃したまま混乱の中にある。近隣諸国はテロと反乱に苦しみ続けている。バラク・オバマ政権最終年である2016年、米国は少なくとも7カ国（アフガニスタン、イラク、パキスタン、ソマリア、イエメン、リビア、シリア）に対して爆撃と空襲を行った。と同時に、米軍のエリート組織「特殊作戦部隊」がその多くは内密である作戦を、驚くことに約140カ国という、世界全体の4分の3にも上る数の国々に対して行った。

■在外基地帝国

こういった活動を巨大なケージで覆うように存在するのが米国の在外基地帝国である。これらの基地群の中核を成すのがドイツ、日本、韓国にあるような、第2次世界大戦や朝鮮戦争（1950〜1953）にその起源を持つものだが、そのケージは世界全体を覆い常に拡大や縮小を繰り返している。建設から年数が経《た》つものほど規模が大きい傾向にあるが、比較的新しいものは小規模で一時的な施設であることもある。後者は「リリー・パッド施設」*として知られ、40カ国ほどにある。現在米国の在外基地の総数は800ほどだ。

沖縄の人々は1945年以来、この広大な軍事化された領域の中心に住んでいる。現在、米軍施設を辺野古などの新規の場所に移設したり、自衛隊と連携して与那国、石垣、宮古、奄美といった離島に拡大したりする計画は、この帝国の領域の存在の持続および変化し続けるその輪郭線を反映している。

かつて、第2次世界大戦後の日本について研究をしている間、私は「三国人」という言葉に初めて出合った。私が驚いたのは、この言葉が在日のコリアン系や中国系の住民に対する軽蔑的な表現であるということだけではなく、沖縄出身の人たちに対しても使われていたことである。

１９４５年の、帝国政府が沖縄とその大衆に強いた残酷な犠牲は、このような、沖縄を日本の他地域とは人種的に分けるような差別感を反映していたと言えるだろう。そして、東京の政府が戦後、「パックス・アメリカーナ」における自らの立場を強めるために沖縄を進んで犠牲にしたのは、このような「三国人」的偏見が根強かったことを示している。

戦後の沖縄の軍事的利用は米国のアジアにおける核と核以外の戦略両方にとって絶対的重要性を持っていた。その歴史を振り返ってみると、米国流の戦争方式というものが非常によく分かってくる。

70年代初頭までは、沖縄の基地群は一般的に共産主義、とりわけ中国を核により「封じ込め」るための鍵を握る要素であった。さらに積極的な意味合いにおいて、これらの基地群は、壊滅をもたらした二つの〝通常〟兵器による戦争の爆撃作戦で不可欠の役割を果たしたのである。

一つ目の戦争は、米国軍が中国国境に脅威を与える様相を呈した後に中国軍が北朝鮮側に進入した朝鮮戦争であった。「冷戦」期に起きた二つ目の大きな戦争は、これも誤解を招く表現だが一般的に「ベトナム戦争」として知られる、インドシナ（ベトナム、ラオス、カンボジア）で起こり、全面爆撃が１９６５年に激化し、米国が１９７３年まで撤退しなかった戦争であった。

これら二つの戦争で米国が勝利を見ることはなかった。それどころか、朝鮮戦争は膠着《こうちゃく》状態の中で終わり、現在に続く（この紛争を終了させる正式な平和条約が結ばれることはなかった）。インドシナにおける戦争

＊米軍が今世紀になってから秘密裏に世界中に展開している数多くの小規模な軍事拠点で、池に浮かぶ蓮《はす》の葉にたとえて「リリー・パッド」と呼ばれる。

は米国にとって屈辱的な敗北と撤退で終わった。

　このような軍事的失敗の経験が浮き彫りにしたのは何か。米軍は第2次大戦後、少数の例外（1991年、短期間だった対イラクの湾岸戦争など）を除いては、第2次大戦で経験したような徹底した勝利を味わうことはなかった。9・11攻撃後に始め、現在まで引きずる「対テロ戦争」は、終わりがないように思えることを除いては例外的とは言えない。それどころか、「米国の戦後政策における軍事的誤算と失敗」というパターンを踏襲しているように見える。

　これらの失敗例からさらに明らかになるのは、米国の力ずく戦法への心酔とそれに伴うダブル・スタンダードである。核兵器は別として、米国はそれぞれの戦争での空爆でかつてない規模の破壊をもたらしたにもかかわらず、勝利がその手をすり抜けていった。

■テロの二重基準

　今から述べる事実は第2次世界大戦におけるドイツと日本への空爆を知る人にとっても驚きとして映ることが多いようだ。朝鮮戦争で半島に落とされた爆弾の総トン数は1945年の米軍による日本空襲の4倍にも上り、それは北朝鮮の大半の主要都市と何千もの村落を破壊した。インドシナ戦争において3カ国に落とされた爆弾の数は日本への空爆の40倍にも上る。朝鮮戦争とインドシナ戦争の死者数はそれぞれ数百万人に上る。

　ここでダブル・スタンダードの問題が浮上する。

　この1940年代から1970年代初頭にかけて習慣と化していた米国の民間人攻撃は、敵側の士気をくじくことを目的とした国家お墨付きの「テロ爆撃」である。このような率直な呼び方は内部資料には見られるが、米国寄りの解説記事などでは通常タブー扱いされる。いずれにせよ、9・11事件以降は、このような

ベトナム爆撃のために嘉手納飛行場に飛来した米空軍B52爆撃機＝1967年3月21日

米国自身によるテロ爆撃の前例は記憶から完全に消去されてしまっている。

かくして「テロ爆撃」は定義し直され、いまや、主にイスラム原理主義に動機づけられた「非国家主体」による攻撃を指すようになった。筋書きとして、「文明化された」国や文化は、そのような残虐行為に及ぶことはないということになっている。

■原爆使用勧告

朝鮮戦争とインドシナ戦争、あるいは冷戦全般を通じて常に頭上にのしかかっていたのは、ワシントンが核兵器使用に踏み切る可能性であった。ここでも沖縄は米国の計画において主要な役割を果たした。

朝鮮戦争のさ中、米国の最高レベルの立案者は原爆使用を勧告した。例を挙げれば、１９５０年の終わりにダグラス・マッカーサー将軍は「30個かそこらの原子爆弾を……満州の首の部分一帯に」投下し、それで放射能汚染地帯をつくり朝鮮半島への北からの陸上侵攻を抑止することを促していた。半年後司令官としてマッカーサーと交代したマシュー・リッジウェイ将軍は基本的にマッカーサーの要請を継続し、違ったところと言えば38個の原爆を要求したことだった。1951年の後半には沖縄の嘉手納空軍基地から出撃した爆撃機が北朝鮮に対する核攻撃の模擬演習を行った（ハドソン・ハーバー作戦とのコードネームがつけられていた）。

1950年代半ばに中華人民共和国と台湾の間にある島に焦点が当たった紛争、いわゆる台湾海峡危機が起きた時、ワシントンの立案者は再び核兵器使用を検討した。今度の標的は中国であった。

■核による脅し

核抑止論の支持者は、実際には抑制が通用し、この致命的な武器を使わずに済んだと強調する。それどころか平和維持に役立ったとさえ言う。しかし機密解除されたこの時代の文書によると、そのように安心できる状況ではなかったことがわかる。

例えば1956年には、米国戦略空軍（SAC）は800ページにわたる研究結果をまとめ、ソ連と、東ドイツから中国に至る、いわゆるソビエト・ブロックに対する核攻撃の標的候補として1200の都市（と3400の個別の標的）をリストアップした。その5年後、ワシントンとモスクワがベルリンをめぐって警戒すべき対立状態になった時、この計画は更新され、驚くことに127もの中国の都市が核攻撃の可能性のある標的として挙がったのである。

中国は、ベルリンをめぐる米ソの対立と関係がなかったばかりではなく、初めての核兵器実験を行ったのは1964年である。朝鮮半島と同様、中国に対する核攻撃の発射場は沖縄になっていたであろう。現在わかっているのは、1972年前の時点で、米国は少なくとも19種の核兵器を沖縄に貯蔵していた。米国は日本本土各地の基地においても（プルトニウム239などの）核分裂性核種なしの核兵器を蓄えていた。

このような戦後すぐの歴史を綴《つづ》ることに意味があるのか。私はあると思う。
このように、米国が非戦闘員を意図的に爆撃しても、通常兵器による戦争の戦略的失敗を繰り返しても、その核瀬戸際政策に日本、とりわけ沖縄を巻き込んできても、日本の政治的指導者が米国支持をやめるということはなかった。東京は、ワシントンが奏でる音楽に合わせてただ踊るだけだ。

と同時に、この通常兵器戦争の歴史と、核を使った悪質な威嚇行為は、中国と北朝鮮がこんにち米国に対して持つ不信感をある程度説明することができる。中国も北朝鮮も、これら冷戦初期の米国による核の脅しを忘れてはいない。

沖縄の核兵器は1972年の返還直前に撤去された。そして米国とソ連（ロシアに引き継がれた）が所有していた核兵器は大幅に削減された。それでもなお、米国とロシアは今でも世界を何度も破壊できるほどの核兵器を持ち、米国の核戦略は明確にさまざまな敵対国を標的と想定している（ブッシュ時代の2001年には中国、ロシア、イラク、イラン、北朝鮮、シリア、リビアが含まれていた）。

■絶対的優位性

核兵器は9カ国（米国、ロシア、英国、フランス、中国、インド、パキスタン、イスラエル、北朝鮮）にも拡散し、日本を含む40を超える国が、専門家が呼ぶ「核兵器保有可能国」という状態であり続けている。バラク・オバマ大統領が誕生した2009年は、核兵器完全廃絶への道が開けるのではないかという希望があった。しかしオバマ大統領は任期終了前に、「核兵器の近代化」という危険な政策を採用し、他の核保有国が倣うような前例を作ってしまった。

ここには、知覚された脅威に対する理性的な反応というものを超えた力学が作用している。米国に関して言えば、第2次世界大戦後、軍事の絶対的優位性に対する強迫観念がDNAに組み込まれてしまっている。冷戦終了後は、米国の戦略立案者たちは時にはこれを「技術的非対称性」と呼んだ。1990年代半ば以降、統合参謀本部は自らの使命を「全方位支配」維持であると規定し直した。

統合参謀本部は、このような米国の優位性は従来の陸・海・空を超え、宇宙とサイバー空間にも至るものだと強調する。

このようなポスト冷戦の戦略作成の背景には、1980年代に遡《さかのぼ》る近代戦の変革がある。ソ連は死のスパイラルに陥りつつある時期であった。パーソナルコンピューターの台頭がこの変革の引き金となり、理論上では米国が朝鮮戦争やインドシナ戦争で経験したような行き詰まりや大失態を免れることができるような技術を提供するものであった。デジタル化された戦争は指揮管制の運用を効率化し、同時に「高性能」で「精密」度の高い兵器を導入した。

米国軍にとって1991年の対イラクの湾岸戦争は、いわゆる「軍事における革命」のテストケースであった。米国の素早い勝利は、同年のソ連解体と相まって、米国が疑う余地のない世界の「唯一のスーパーパワー」であることを確実にしたかに見えた。

しかし実際のところは、湾岸戦争の勝利が勘違いを招く結果となった。米国の政策立案者たちが絶対に近い信頼を置いていた技術的「非対称性」自体が落とし穴となったのである。米軍のハイテクによる軍事的優位性に過信を抱いていたワシントンは、アル・カイダによる2001年9月のテロ攻撃に対するアフガニスタンとイラクへの侵略において、抵抗は最小限でどちらの侵攻作戦もすぐ終わるだろうと高をくっていた。それが大きな幻想であったということは今は周知の事実である。結果として拡大中東地域は混沌《こんとん》状態となり解決の兆しすら見えない。そしてこの混沌状態に対応しようとして逆に米国は新種のハイパー戦争国家と化してしまった。

これが、ドナルド・トランプ大統領がこの1月に引き継いだ世界なのだ。これが、安倍晋三首相が改憲によってより積極的な軍事的役割を日本に担わせたいと思っている軍事化された無秩序の世界なのだ。

私たちはこれをどう理解すればいいのか？

■民族ナショナリズム

私は、ドナルド・トランプを、知的にも、道義的に、その気まぐれな性質からも、大統領に適した人間とはみなさない人間の一人である。あのように粗野で、不安定で、予測のつかない人間がいまや戦争を始める権限、核兵器を発射する権限さえ持っていることは考えるだけで恐ろしい。

とはいえ、この新大統領を例外的な存在とか、一時的な政治的現象と捉えることも誤解につながる考えだ。彼の保守的で右翼的な政治的支持基盤は広大なものであり、多大な権力を有し反動主義的である共和党支持基盤に及ぶ。

そしてそれ以上に、彼の人種主義と「アメリカ・ファースト」の言葉で知られるナショナリズムは、世界的な大衆主義的民族ナショナリズムの危険な台頭と同時に起こっている。この現象はありとあらゆるところに見られる――英国のEU離脱政策や、ロシア、中国、インド、トルコ、ハンガリー、ポーランド、イスラエル等、そして、かつては民主主義的であったEU諸国における大衆主義的右翼運動の選挙における台頭、さらにいま世界中を苦しめている局所的な民族間や部族間の対立がある。

むろん日本もこれらの国と並び称せられる。戦争時代の有害な「大和民族」を謳《うた》った民族主義的洗脳は1945年以後も完全に消えることはなく、2012年12月、第2次安倍政権が発足して以来、その復活はかつてないほどに顕著となった。

不寛容な原理主義的宗教の世界的台頭は、このような集団同一性と他者への軽蔑が激化する傾向が変容した形態である。このような信仰に基づくヘイト集団の中でも、イスラム主義のテロはもっともグロテスクで群を抜いて暴力的なものだ。

■「監視国家」に変容

トランプが前例を見ない政治的役者であるという見方は、彼が引き継いだ米国という国家の本質を前にしては冷静に是正せざるを得なくなる。9・11事件以来、米国を、公共および民間セクターにおいて文字通り何百万もの人間を雇う巨大な「安全保障国家」と呼ぶことはほとんど決まり文句となった。戦争と安全保障はかつてないほどに民間が担うようになった。

これと同調して、安全保障についての被害妄想はワシントンに秘密諜報《ちょうほう》機関が17もあるという状態をもたらし、米国を巨大な「監視国家」に変容させた。この過程において、不透明性がかつてない勢いで蔓延《まんえん》している。軍事関係の出費は偽装するか完全に隠蔽《いんぺい》されている。例を挙げれば、中央情報局（ＣＩＡ）が前例を見ないほどに戦争関連の活動にまで手を広げてきている（いったん暴露されたら激しい非難の的となる拷問行為を含む）のに、その膨大な予算は秘密のままである。変容し続ける在外基地の帝国や、秘密作戦を拡大し続ける特殊作戦部隊の実態が公になることはめったにない。

安倍首相が憲法を改定することに成功し、日本がより「普通の」軍事的役割を担うように仕向けたら、このような「戦争の世界」に日本が引きずり込まれることになるのだ。そのような日本が今後、より独立した国、自立した国になっていくという可能性は全くない。日本は単純に、このおぞましい「新パックス・アメ

2017年7月22日に行われた「辺野古・大浦湾の埋め立てを止めよう！人間の鎖大行動」＝名護市辺野古のキャンプ・シュワブゲート前

リカーナ」の枠内で、より積極的な軍事的役割を担っていくような重圧にさらされるようになる。

■「封じ込め政策」

好戦的な状況に取り囲まれているようなこの世界において、具体的に責任を持って反対運動を行うことは大変な勇気と創造性を要することだ。沖縄の平和運動においてこのような反対運動はずっと行われてきたことだが、明確な反対の声を上げ続けることが今こそ重要である。

直接的であれ間接的であれ、沖縄の人々の基地反対の声は、軍事化された「パックス・アメリカーナ」に独自の批判的な視点を提供する。まず初めに、とどまるところを知らぬ米国の基地帝国の本質に注目を集めることができる。戦後すぐに起きた日本の沖縄施政権返還を訴える大衆運動は、米国による琉球の新植民地主義的支配が許されるものではないということを日米政府に説得するのにとても効果的であった。辺野古の基地建設に対する抵抗のような現在の運動によって、膨大な米軍のプレゼンスは継続しているという事実が具体的な形で明るみになる。

また、自衛隊との連携による与那国などの小さな島々に軍隊を配備する計画は、世界中で米国が次々と新しく、そして多くの場合は秘密裏に展開している「リリー・パッド」前哨基地の生々しい例である。

このように、アジアにおける米国の「封じ込め政策」の挑発的本質のきりのない実例の数々を沖縄の人々が日本、世界に対して忘れないように伝え続けることは極めて重要だ。

沖縄の反軍事運動はまた、琉球の軍事的搾取を常に性格づけてきた米日合同の独特の差別体制を露《あら》わにする。東京の政府による政策決定に、このような根強い「三国人」的偏見がある。しかし、近頃は右を見ても左を見ても世界中でこのような「民族ナショナリズム」と人種的偏見が上昇傾向にある。沖縄差別はその中でも長く続いている例だ。

以上のような理由から、沖縄の反軍事運動は私の目には模範的なものに映る。具体的で信念に基づくもので、焦点が定まっている。この運動を通じて露呈するのは、戦略的、軍事的戦略において東京がワシントンに異議を申し立てる意思がないか、あるいはその能力がないことである。「平和維持」や「安全保障」の処方箋として「軍事力による威嚇」を使うことは米国の主流派に蔓延し、いまや日本の保守派やネオ・ナショナリストたちの熱心な支持を受けているが、沖縄の運動はそのような処方箋を拒絶する平和のビジョンを映し出している。

ジョン・ダワー（John Dower）

1938年生まれ。空軍勤務の後、1962〜1965年金沢、東京で教員・編集者。1991年から2010年までマサチューセッツ工科大学（MIT）教授。現在は同名誉教授。著書に「敗北を抱きしめて」「容赦なき戦争―太平洋戦争における人種差別」「忘却のしかた、記憶のしかた」など。2017年11月に「アメリカ　暴力の世紀」（岩波書店）を刊行。

2017年9月25日〜10月3日

特別インタビュー

沖縄は誰の島なのか　基地撤去で正義実現を

作家　ジョージ・ファイファー

2016年の「慰霊の日」を前に「天王山―沖縄戦と原子爆弾」の著書がある米作家のジョージ・ファイファー氏が「アジア太平洋ジャーナル・ジャパンフォーカス」編集者の乗松聡子氏のインタビューに答えた。

◇　◇

――『天王山―沖縄戦と原子爆弾』を書いた経緯は

「私は日本語ができないのにこの本を書けたのは沖縄や日本の研究者たちの協力があったからだ。1980年代後半、この本のための調査で日本に行った時に東京の外国特派員協会の図書室で資料を探していたら、沖縄についての数少ない英語資料の中でも目立ったのはオータという人による著作だった。当時私は大田昌秀氏のことも知らないぐらい無知だったのだ」

「そんな自分がなぜこの本を書いたのか。当時私は暖炉用の薪《まき》を作るために木を切る作業をいつも、元海兵隊員の隣人と一緒にやっていた。戦闘体験者はたいていPTSD（心的外傷後ストレス障害）を背負っており、体験を語らない。つらすぎるし、話してもわかってもらえないと思うのだ。彼も私に戦争体験を語るようになったのは知り合ってから何年もたってからだった。この人が、第6海兵師団の一員として沖縄戦を戦ったディック・ウィテカー、私の本の中心人物の一人となった」

「当時、私はフリーランスの貧乏作家だったが、彼の話を聞いて驚いた。硫黄島の戦いについての本は数多くあるのに沖縄戦についての本はほとんどない。あったとしても、米国人のことしか書いていない。現在、米国人に沖縄戦のことを聞いても9割は何も知らないだろう。残りの人は何か知っているとしても、『マイナーな硫黄島』程度にしか思っていない。しかし、沖縄戦は硫黄島よりずっと長期間で死傷者もはるかに多い戦闘だった。決定的な違いは、硫黄島は、戦闘時は民間人もいない、軍隊のみの島だったのに比べ、沖縄は豊かな古来の文明をもち、多くの住民が住む島だったのである」

――沖縄戦が硫黄島の戦いに比べ知られていない理由は？

「それは不運の連続もあった。1945年2〜3月、硫黄島の戦いが大きく扱われ、あの米兵が星条旗を掲揚する写真はあまりにも有名だ。沖縄戦でも同様の星条旗掲揚の写真が撮られたが、すでに硫黄島の写真が有名になっていたため新聞社は興味を失っていた。また沖縄戦の進行中、4月12日にはルーズベルト大統領が死去、5月8日にはドイツ降伏で欧州戦が終了したという大ニュースが連続したために沖縄戦がかき消されてしまった」「この本のために最初沖縄に行った時、目的はシュガーローフヒルなど、戦闘が行われた場所の地形を確かめることだった。その時もまだ自分は、この戦闘の本当の悲劇は大多数の沖縄人の命が奪われたことにあるということを知らなかった。沖縄の人々と話すようになって目が開かされた。どこの国も自国の被害のことばかりを書く。しかし、自分としては戦後50年もたっていて、片側の見方だけの本を書くことなどできないと思った」

「沖縄の人々の戦争体験は本当に悲惨なもので米国人としてひどく心が痛んだ。とりわけ、軍事戦略家は太平洋戦を検証し、沖縄戦を含むいくつかの島の戦いは必要のない戦いだったと言っている。それを思うとやり切れない」

――沖縄戦は必要ではなかったのに決行されたと

「そうだ。これが戦争の皮肉の一つだ。軍の指導者たちは戦えば手柄になる。その時、自分たちにとって重要だと思う行動を取るのだ。人間性のためではないし、愛国心のためでさえない。自分たちのためだ」

――米国にとって民間人をあれだけ殺さずにすむ方法はあったか

「もちろんあっただろう。しかしそれは軍の優先事項ではなかった。どの戦争もそうだ。軍の目的とは民間人を救うことではなく、戦闘に勝って領地を得ることなのだ」

――沖縄戦の被害者には日本政府に補償を求めて訴えた人もいるが、成功はしていない。先日、米軍属による暴行殺人事件が起きた。続く沖縄の被害に対して正義とはどうもたらされるか

「退役軍人が言うように『戦争は恐怖（ホラー）そのもの』だ。それ以外の何物でもない。米軍の暴行については、占領の初期（1945～1950年）には何千もの強姦《ごうかん》があった。何も新しいことではない」

「沖縄の苦しみにどう正義をもたらすか、その問いについての答えは簡単だ。沖縄から基地を取り除くことだ。私はいつも言う。『一体誰の島なのか』と。米国内に中国やロシアの基地があったらどう思うか。相手の立場に自らを置けば明白なことだ。沖縄の基地負担の比率を見れば、日本人だって自分たちの島に基地を

沖縄戦の激戦地シュガーローフ（米陸軍ホームページより）

置きたくないのだろう。日本人の大半は沖縄人を完全に日本人とは見ていない」

――著書のあとがきでは、米国外の170カ国に25万人もの兵力を維持している米軍を「グロテスク」と呼んでいる

「米国はそもそも建国の父たちが英国に『常備軍』を置かせないと独立宣言に掲げていたのに、世界中に巨大な軍事施設を持っている。これは米国の安全を保障するものではない。はるか彼方の国で戦っているうちに自分たちの国が壊れていく。我々は一体何をやっているのか。これだけの軍事設備を持ったらまず間違いなく使ってしまう。軍事的解決ができない問題も軍事的に解決しようとしてしまうのだ。米国の近年の戦争はみな大失敗に終わっている。多数の犠牲者を出し、多額の費用を投じ、米国にとって何のプラスにもなっていない。もちろんこれは米国の問題で沖縄の関心ではないだろうが、私は沖縄について話すときはこういう角度から話をする。米国人は沖縄に関心がないからである」

「どこの国にもどうしようもない愛国主義がはびこっているが、米国は特に二つの理由でその傾向が顕著だ。米国は欧州のように外国に取り囲まれていないので一国主義に陥りがちだ。もう一つ、

これはどこの国もそうだが、自分の国が特別だと思いたがる傾向がある。第2次世界大戦の史実を認めたがらない日本もそうだ。米国は特に自分たちが神に選ばれた人間と思っており、他国の資源を奪いながら、その人たちにどう生きるべきか教えてやろうといった姿勢がある。もし殺し合いをやめて平和を目指すのなら、自分たちが特別だという考えをまず止めるべきである」

――沖縄の読者に対し伝えたいことは

「沖縄のみなさんは歴史を通じて受け身なところがあり、優しすぎる傾向がある。沖縄なりのタフさを築き、もっともっと大きな声をあげて抵抗したらいい。主張し続けることだ」

ジョージ・ファイファー（George Feifer）

作家。1934年米国ニュージャージー州生まれ。ハーバード大学卒業後、海軍勤務を経て、作家・ジャーナリストの道を進む。1992年の『Tennozan：The Battle of Okinawa and the Atomic Bomb』（日本語版は『天王山―沖縄戦と原子爆弾』上下巻、早川書房、1995年）は沖縄戦を米日軍の兵士と住民のそれぞれの視点から描いた傑作として知られる。現在コネチカット州ロクスベリー市在住。

2016年6月21日

植民地化した沖縄

「市民巡礼者」として行動を

プリンストン大学名誉教授　リチャード・フォーク

２０１６年５月、オバマ大統領が広島を訪問したとき、沖縄にも来てほしいとの声があった。しかし、歴史的に沖縄がしばしば受けてきた仕打ちのように、その願いは無視され、人々は再び失望を味わうこととなった。

沖縄の米軍基地は第２次世界大戦の日本敗北の遺産として最も恥ずべきものであり、その意味においては原爆攻撃を受けた地さえも上回っている。沖縄では、その民族的尊厳と、人々の安全と健康に対する植民地主義的侵害が続いていることを日々思い起こさせられる状況にあるからだ。

実際沖縄は、米国によって強化され、日本本土によって合法化されるという重複した搾取の被害を受けている。米国は、沖縄島の約20％を占める米軍基地群に、太平洋全域の戦略的軍事作戦のハブ的役割を担わせている。朝鮮戦争時は嘉手納基地が爆撃作戦に、ベトナム戦争時は島全体が部隊集結地として、また千にも上るとされる核弾頭配備の秘密基地として使われた。

沖縄の逆境の歴史に日本が果たした役割は、第２次大戦における敗北と屈辱の継続的副作用としての基地を受動的に容認してきたことだけではない。日本は武力侵攻の末に琉球を支配し、１８７９年沖縄県として併合した。そして琉球のさまざまな先住文化、伝統、言語までさえも抑圧したのである。現在、県民の6割から8割が新基地建設に反対しているにもかかわらず、危険な軍国主義者である安倍晋三首相に率いられた東京の政府は、米軍の存在を本土から遠ざけ続けることにより、米軍問題がこの国の深刻な政治問題にならない現状を維持している。

沖縄の人々の窮状は、その小ささのために、また日本という主権国家に埋もれているために、さらにその地政学的位置付けのために、20世紀後半に成功が続いた世界中の脱植民地化の流れに含まれなかった小さな島社会の悲劇的試練を例示している。この痛ましい運命は、ポストコロニアル時代下の「コロニー」であることに起因している。約140万人という人口の少なさが、日本主権国家の中に閉じ込められていることと米国のアジアでの利益追求と日本との共同運営において担う役割と相まって、沖縄は軍事化された世界秩序の人質とされている。その世界秩序は、両国際人権規約の共通第1条に規定される、すべての人民が有する不可分の自決権を拒絶する。

このように、グローバルな視点から見ると沖縄は植民地時代の忘れられた名残とも言える。それは、国家中心主義的世界秩序の視点からは沖縄は従属させられる、意味をもたない存在とされてしまうということだ。そのような意味合いにおいては、カシミール、チェチェン、新疆《しんきょう》ウイグル、チベット、ハワイ、プエルトリコ、パラオ、マリアナ諸島などにおける忘れられた民族と似た状況にある。

■米国の戦力投射

「忘れられた存在」にさせられるのは他の方法もある。私は長年にわたり、欧米優先主義の地政学的・歴史的被害者のもう一つの例であるパレスチナの試練に携わってきた。ここでも、パレスチナの先住民族は何十

パレスチナ問題について講演するリチャード・フォーク氏＝2014年12月米ワシントンD. C.

年もの苦しみや基本的権利の否定に耐えてきた。迫害の仕組みは1世紀前に生じている。英国外務省がバルフォア宣言（1917年）で世界のシオニスト運動に支持を約束し歴史上のパレスチナにユダヤ人の郷土を設立、その後第2次大戦終了時まで英国の指導下に置かれた。

沖縄の場合は日本が仲介役を務めているが、パレスチナの場合はイスラエルが独自の利益追求をするかたわら米国・ヨーロッパと戦略的パートナーとして手を組み、中東や北アフリカ全般において共有する地政学的目的を遂行している。もちろん重要な相違点はある。日本は米国のパートナーとしては平和憲法の制約を受けており安倍はそれを迂回《うかい》しようとしているが、イスラエルの場合は地域の軍事大国となり、米国との特別な関係を享受している。それはアラブの敵国がどう組み合わさっても打ち負かすだけの軍事的能力を保証する関係だ。

また、沖縄とは違い、イスラエルに米国の基地はない。必要ないのだ。イスラエルは米国の代理戦争を行い、時にはその逆さえあり得る。いずれにせよ結果は同じなのだ。自衛とは関係なく、地域戦略上の権益を発展させるための米国の戦力投射なのだ。

■隠される不正義

将来についてだが、われわれが直面するのは世界の市民社会の役割と責任である。新自由主義主導により道徳を超越して進んだ経済的グローバル化の中、道義的および法的説明責任という理念の下に社会的勢力が結集する重要性が増している。これを「道義的グローバル化」と呼ぼう。この「道義的グローバル化」を真剣に考えることはすなわち「ｃｉｔｉｚｅｎｓｈｉｐ―市民であること」を空間と時間において境界線のなきものと心に描くことだ。

これは私が「ｃｉｔｉｚｅｎ　ｐｉｌｇｒｉｍ―市民巡礼者」という名称で表現する全般的なアイデンティティーで、現在の不正義の数々に出会うたびに取り組むことによってよりよい未来を築こうとする人生の旅路を指すのである。これは、平和や正義、そして人間を取りまく自然環境との共進化を目指す人間が陥りがちな誤りや矛盾を念頭に私が考案し、私自身もそれを生きようとするアイデンティティーである。

市民巡礼者として行動するということは、（沖縄のように）死をともなう虐待事件が起こったとき以外は世界が目に見えないものとして扱うような不正義の数々に注目していくことなのである。沖縄は、国家主義（沖縄は日本という主権国家の一部である）と地政学（沖縄は米国に不可欠の基地を提供している）という二重のじゅうたんの下に事実上隠されてしまっている。

沖縄の苦境に注目することで強く認識させられるのは、この世界のいくつかの民族にとっては、植民地主義との闘いは毎年の記念日にその英雄的記憶を祝うようなものではなく、現在進行形の問題であるという現実である。われわれが能動的な連帯を結ぶことなしには、このような植民地主義的統治の被害者たちの解放のために、さらにできることがあるのかどうかを知ることはできないだろう。

リチャード・フォーク（Ｒｉｃｈａｒｄ Ｆａｌｋ）
国際法・国際関係学者。１９３０年生まれ。プリンストン大学国際法名誉教授。２００８～２０１４年、占領下のパレスチナについての国連人権特別報告者を務めた。国際法、人権、国際政治などの分野で著書多数。日本語訳のある近著は『21世紀の国際法秩序―ポスト・ウェストファリアへの展望』（２０１１年、東信堂）など。80歳の誕生日以来、自身のブログ（ｈｔｔｐｓ：／／ｒｉｃｈａｒｄｆａｌｋ．ｗｏｒｄｐｒｅｓｓ．ｃｏｍ／）でも発信を続けている。カリフォルニア州サンタバーバラ市在住。

２０１６年８月22日

軍　暴力は民主主義の脅威　分断と弾圧、沖縄と共通

元米陸軍大佐・外交官　アン・ライト

２０１６年10月末、沖縄の人々は「世界ウチナーンチュ大会」で世界中のウチナーンチュが自らのルーツのある地に帰郷・来訪する機会を祝った。その中には、海兵隊基地建設とヘリパッド建設に異議を唱えるために辺野古と高江に足を運んだ人々もいた。海外から来たウチナーンチュはそこで、戦後71年たってもこの小さな島である沖縄が負わされている負担を目の当たりにすることになる。日本にある米軍専有基地の70・6％が、日本の面積の１％にも満たない沖縄県にあるのだ。商業や農業目的に使えるはずの土地が奪われたままで、枯れ葉剤や騒音といった公害を生み出す。一方的な地位協定を押し付けられている。地元の女性に対する軍の性暴力は今年も起こった。元海兵隊員で、事件当時嘉手納基地の軍属だった男が20歳の女性を殺害した容疑がかかっている事件である。この事件に抗議して、何万もの人たちが県民大会に繰り出した。「今こそ米軍が自分たちの島を去るときが来た」と。何千人ものウチナーンチュがルーツのある沖縄に「戻り」、家族や親戚との再会や出会いを果たしたことを聞くにつけ、世界の他の場所でも祖国への帰還や親族との再会の機会を心待ちにしている人たちがいることにも思いをはせる。私は過去1年半ほど世界中を旅し、家族が再会することが大変難しい、または不可能である場所を見てきた。

■離散—南北朝鮮

2015年5月、私は30人の女性で構成される国際平和派遣団の一員として南北朝鮮に行った。このプロジェクトは「ウィメン・クロス・DMZ」（非武装中立地帯をわたる女性たち）という名前で、目的は朝鮮戦争を終わらせ、離散家族が再会できるようにすることだった。朝鮮半島の多くの人々は1950年に始まった戦争以来離散させられたままになっている。メンバーには北アイルランドのマイレッド・マグワイア氏、リベリアのレイマ・ボウィ氏という2人のノーベル平和賞受賞者がいた。それぞれが、自らの国内での紛争を終わらせ平和をもたらすために多大な貢献をした。

離散家族は約1千万人と言われるが、66年たった今、1985年に始まって以来20回ほど行われてきた南北離散家族相互訪問に参加できたのは2万人に満たない。今でも家族との再会の機会を待つ韓国人のうち半数以上は80代以上であり、平和条約が結ばれ、米国・韓国と朝鮮民主主義人民共和国の関係が正常化しないかぎりは愛する家族にもう二度と会えない可能性がある。

■封鎖と抑圧—ガザ

2016年10月初頭、私はイスラエルによるガザ地区の違法封鎖に世界の注目を集める目的で、13カ国の13人の女性たちと「ウィメンズ・ボート・トゥー・ガザ」（ガザに行く女性たちの船）に乗っていた。国連によるとこの封鎖はガザ地区を「2020年までには居住不能にしてしまう」ものである。

封鎖されたガザ地区にいるパレスチナ人は、たった20マイルしか離れていないヨルダン川西岸地区にいる家族に会いに行くことすらままならないのだ。ましてやレバノン、ヨルダンなどに行ける状態ではない。この人たちがイスラエルのテロリスト民兵により家を追われ、これらの国にたどり着いて以来60年余、パレスチナ人たちはいまだに国連から「難民」と見なされている。

ヨルダン川西岸地区とガザ地区で、パレスチナ人はイスラエル軍の脅威に毎日さらされている。イスラエルはチェックポイントを次々と築いてパレスチナ人を抑圧し、大きなアパルトヘイトの壁を築き、西岸地区では各地に違法の植民地を設立することによって地区の50%以上の土地をパレスチナ人から奪った。

イスラエルはガザの封鎖を通じて住民の電気、水、食糧、人の移動、他のすべての資源を厳重管理している。面積360平方キロ程度のガザには約200万人が住み、世界で最も人口密度の高い地区となっている。

米軍キャンプ・シュワブゲート前を訪れ、米軍属女性暴行殺人事件に抗議するアン・ライト氏＝2016年6月8日、名護市辺野古

イスラエルはガザを頻繁にドローン、F16戦闘爆撃機、艦砲や野戦砲の演習のターゲットとして使っている。イスラエルは、イスラエルに住み市民権を持っているパレスチナ人に対しても他のイスラエル人と比べて教育において差別し、上下水道、ゴミ収集といった公共サービスにおいても差別的政策を敷いている。

パレスチナ人はイスラエル軍が家を壊し、西岸地区の農業の支柱である古代のオリーブ園のオリーブの木を引き抜き燃やしてしまうような行為に対し抵抗していることで、毎日のように投獄されている。

マイレッド・マグワイア氏やニュージーランドおよびアルジェリアの国会議員も含むわれわれ13人の女性は、10月5日にガザ沖34マイルの国際水域上でイスラエル軍に拉致された。意思に反してイスラエルに連行されたにもかかわらず、イスラエルへの不法入国の嫌疑をかけられ、10年間の国外退去命令のもとで追放された。

■非暴力―ノースダコタ

２０１６年10月末、私はノースダコタ州の「スタンディング・ロック」という名で知られるスー族の居留地区に招かれた。米国、カナダ、メキシコ、グアテマラ、ホンジュラスといった国、遠くはエクアドルからペルーに至るまでの先住民たちとヨーロッパ系の同志たちが、１１７２マイルにも及ぶダコタ・アクセス・パイプライン建設計画に反対して結集していた。この計画は北米で一番長い川、ミシシッピ川に流れ込むミズーリ川流域を横切ることから、大企業が引き起こすまたひとつの環境災害になるであろうと予測されていた。

イスラエル政府に立ち向かうパレスチナ人と同じように、抑圧されてきたアメリカの先住民族の非暴力の抵抗は、政府による武力を伴う弾圧に見舞われた。警察が使ったのは軍装備品である。非武装の「水を守る人々」に対する強硬で情け容赦ない攻撃を加えるために、イラクやアフガニスタンの戦闘現場で使った耐地雷・伏撃防護車両（ＭＲＡＰ）や音響兵器を使い、催涙ガス、ゴム弾、警棒を多用した。その取り締まりの様子は、石を投げるパレスチナ人に対し軍装備で対処するイスラエル軍の様子を鮮烈に思い出させるものであった。

沖縄、ガザ、スタンディング・ロックにおける市民に対する軍の暴力は現実のものであり、それぞれの国や地域の民主主義への重大な脅威である。

アン・ライト（Ａｎｎ Ｗｒｉｇｈｔ）

元米国陸軍大佐・外交官。29年間米国陸軍・陸軍予備軍に勤務。16年間外交官として、ニカラグア、グレナダ、ソマリア、ウズベキスタン、キルギスタン、シエラレオネ、ミクロネシア、アフガニスタン、モンゴルの大使館に勤務。２００３年３月、当時のブッシュ大統領の対イラク戦争に反対して辞職する。沖縄には２００６年以来５回訪れている。

２０１６年12月24日

米国は「戦争合衆国」

全ての生命　絶滅の危機

映像作家　レジス・トレンブレー

２０１２年、米国の「アジアに基軸を置く」政策に対応する大規模な海軍基地の建設に対する平和的非暴力の抵抗についての短編映画を作るため、私は韓国の済州島に行った。

そこで私が学んだことが私の人生の方向性を変えることとなった。日本の植民支配からの解放後、すぐ朝鮮半島南部は米国の軍政下に置かれたが、済州島は自主独立国家を願う市民が多かったため、警察や軍、右翼組織に迫害を受けた。１９４８年４月３日の島民の蜂起から始まった「済州島４・３事件」では６万人にも及ぶと推定される市民が虐殺された。この人たちは「アカ」とか「共産主義者」というレッテルを貼られた。米国にとってこの人たちは脅威であり、容認できなかったのである。

この済州島の旅で、私は米国の軍事主義と帝国主義が人間、文化、環境にもたらす影響について目を開かされた。３年後、私は太平洋地域に戻り、ハワイからマーシャル諸島を旅して米国の軍事主義の影響をこの目で見たのである。

最初に寄ったのは米国がレーダー基地を造った京都（経ヶ岬）であった。そこから、米国が太平洋戦争においてもっとも残酷といわれた地上戦を戦った沖縄に行った。そこでは辺野古での米国海兵隊新基地を造る

キャンプ・シュワブのゲート前でスピーチするレジス・トレンブレー氏＝2015年8月3日、名護市辺野古

計画に人々が反対していた。アメリカ人はこの小さな島に来て基地を造りはじめ、結局そこにとどまって沖縄の人々、文化、環境に修復不能の損害をもたらした。聞くところによると、沖縄には米軍基地があまりにもたくさんあるせいで、沖縄島そのものが一つの大きな米軍基地だと言われることもあるらしい。

沖縄で1週間過ごした後、原爆投下70周年を迎える広島を訪ねた。追悼式典には何万もの人が出席していた。「ネバー・アゲイン」がその場に共通する感情であった。私はそこにいて、あらためて戦争を終わらせるために必要でさえなかった原爆攻撃による破壊力の恐ろしさを思い知った。１９４５年8月6日は人類の歴史の新たな時代の到来を告げるものだった。それは地球上の全ての生命を絶滅の危機にさらす時代だ。

その後済州島を再び訪れ、大規模な海軍基地が完成してしまったことを目の当たりにした。自分の政府の行為に対する怒りと軽蔑の感情がそこでよみがえってきた。５００年の歴史を持ち、１７００人の人が住む村が破壊されてしまったのである。人々は生活の糧を失い、手つかずの自然が壊された。それでもなお人々は毎日、ゲートの向こうの悪魔たちに対して抗議し続けている。

■命奪った原水爆実験

済州島から私はマーシャル諸島の首都であるマジュロに行った。1946年から1958年までに現地で67回行われた原水爆実験がもたらしたものをこの目で確認したかったからである。これらの実験の中には、広島の原爆よりも千倍もの威力があるものもあった。

放射能汚染は多くのがんを引き起こし、マーシャル諸島の数えきれない人々の命を奪った。恐ろしい出生異常、皮膚やけど、脱毛の原因ともなった。これらの核実験は土壌、海洋、食糧供給源をも汚染した。実験を行う前はマーシャル諸島の人々はほとんど自給自足生活を送ることができたが、現在では多くの食糧を輸入に頼っている。

ここでも再度、私は自分の政府が行ったことについて悲しみと怒りで圧倒された気持ちになっていた。この時点で、自分は次作の映画で何を暴きたいかということに確信が持てていた。

マジュロから私はハワイに向かった。ハワイは、この世にここまで軍事化された場所はないのではないかと思うような場所だった。そこで先住民の人たちから聞いたのは、1898年に米国が太平洋の足場を作るため、地元住民や文化、自然環境を全く考慮することなく違法にハワイを併合したということである。

米国はハワイを大規模な爆撃訓練場として使用した。「デイビー・クロケット」という小型戦術核兵器の着地確認弾として劣化ウランが使われた。今日まで米国はこの実験により残っている汚染除去をほとんどやっていない。海軍基地のある真珠湾は大変な汚染がされていて、そこで取れた魚介類を食べたり、泳いだりしないように警告の標識が出ているくらいだ。

■人間性の結集を

これらの事実はみな私の新作映画でドキュメントしてある。アメリカ大陸にヨーロッパから白人の植民者が到来して以来、こんにちまでの米国の軍事主義と戦争の軌跡をつづる映画だ。米国がたどってきた運命は生態系、あらゆる文明を破壊し、何千万人もの無辜《むこ》の市民を殺し、人類およびこの地球の全ての生命を絶滅の危機に追い込んでいる。私は「アメリカ合衆国」を「戦争合衆国　United　States　of　War」と呼んでいる。

ヘレン・カルディコット博士は「われわれ人類は、目隠しして、どうでもいいことに悩みながら、核による絶滅という崖っぷちに向かって歩いていくタビネズミのようだ」と言っている（訳者注・タビネズミは個体が増えると、集団で崖から飛び降り自殺するという風説がある）。

私たちの唯一の希望は、何百万、何千万の人間が自分たちを代表していない政治家や政府に立ち向かうことである。日本と米国を含め、世界中で今それは起こっている。人間性を結集させることで、私たちを崖から突き落とそうとしている悪の勢力と闘わなければいけない。

レジス・トレンブレー（Regis　Tremblay）
米国メーン州在住のドキュメンタリー映像作家。世界中で米帝国がもたらす悪影響についての映像を撮り続ける。最新作は沖縄の米軍基地問題も含む『Thirty　Seconds　to　Midnight-The　Final　Wake　Up　Call（終末まで30秒—最後の警鐘）』。Registremblay．comでその多くの映像を見られる。

２０１７年３月７日

沖縄に恩返ししたい　ビエケスと連帯で勝利を

ニューヨーク大学准教授　マリー・クルーズ・ソト

沖縄には昨年の夏初めて行ったばかりだったので、今回なぜ戻ってきたかと訊《き》かれた時に、驚くようなことではなかったのだろうが、私は戸惑った。自分にとって理由は明白だったからだ。沖縄の何かが、自分に深く共鳴していた。

実際に最初に行った時は沖縄の歴史と体験を学ぶ目的であった。そこで私が見出したのは、重要な細部は異なっていても、沖縄が直面している試練の数々は自分にとってとても馴染《なじ》みのあるものであったということだ。

私はプエルトリコ人の女性である。もっと正確に言うと、ディアスポラの（故郷から離散させられた）ビエケス人であり、軍事化された植民地主義の研究を専門としている者だ。

ビエケスは、19世紀にスペインに植民地化され、１８９８年に米国が奪取したプエルトリコ列島のうちの一つの島である。1世紀以上にわたり、砂糖の生産で少数の人に富をもたらしたが多くの人たちの住む場所を奪った植民地であった。その後１９４０年代には島の4分の3が米国海軍基地を造るために強制収用された。

沖縄市のサッカー場で汚染物質が発見された問題で調査団体インフォームド・パブリック・プロジェクト（IPP）の河村雅美代表（右）から説明を受けるマリー・クルーズ・ソト氏（左）＝2017年5月8日

■沖縄の闘いに共感

私の父方の祖父母は島の西部から追放され、そこは米国海軍の弾薬庫になり、母方の祖父母は島の東側から追放され、そこは実弾射撃場になった。したがって私の両親は兵器と爆撃訓練の間に挟まれた民間人用地に囲い込まれたことになる。結局両親はサン・フワンに移住し、そこで私が生まれた。

両親からはビエケス島における米国海軍の存在を教えられ、自分の中には島への深い愛着が刻まれていった。それ故に私は子ども時代、鉄条網を見ながらそれを越えてみたいという思いに駆られながら過ごしたものである。私が知る軍事化されたビエケスが、当たり前とは思わなくなる話もたくさん聞いて育った（私が生まれる頃には、占領という暴力はもう当たり前とさえ思われるようになっていた。基地を仕切る金網フェンスがあたかも土の中から生えてきたかのごとく）。

この生い立ちから、自分が軍事占領の条件や影響の研究を専門とする学者になったことは自然の成り行きであった。また、沖縄列島における軍事基地の存在に対する沖縄の人たちの闘いについて聞いた時、自分のことのように共感できた。

ビエケス島の米海軍は、市民の不服従運動によって島での運用が困難となり、２００３年に撤退した。陸、海、空域の使用制限、環境破壊、性的および人種的暴力、ビエケス人の社会経済的な周縁化と政治的権利の剥奪が60年以上続いた末のことだった。

■無視された人々

この間に海軍、米国連邦政府、プエルトリコの植民地政府とビエケスの自治体の間に築かれた関係は、ビエケスが民主的な自己実現のための仕組みを明確に持たず、脆弱《ぜいじゃく》であり続けることを概して保証するものだった。プエルトリコの中でもビエケスはとりわけ、地元住民の福利のために管轄権を行使したり、積極的な責任を果たしたりしていく明確な主体がない「拡散した主権の場」として機能した。

このような注意深く作り上げられた混乱状態は、海軍をしてビエケス島と島の人々の権利に多大な制限を付けることを可能にせしめ、海軍が咎《とが》めを受けることもなかった。そしてほとんどの場合、海軍の要求に対し民間人側が服従させられる結果となった。

中には、このような状況は自分たちが属したいと思っている国、つまり米国を守るための責任であり、特別に付与された負担であると思う人たちもいた。他の人たちは異論を唱え、抵抗したために苦労することとなった。しかし反対する者たちはおおむね無視された。

ビエケス人全体が無視されてきたからこそ、２００３年の勝利はとりわけ意義深いことだったのだ。島の人々は、限定された期間だったとはいえ、自分たちに目を向けさせ、自分たちの声を聞かせる方法を見つけたのだ。島の人々は海軍に、ビエケスから出ていくことを要求した。もちろんこれはビエケス人の力だけで行ったことではない。広範囲の国境を越えた連帯のネットワークを丁寧に育ててきたことで勝利を勝ち取ったのである。この人と人とのつながりを通して、ビエケス人たちは支持、知識、勇気を手に入れたのである。

■闘いは新たな段階

沖縄はこのネットワークの中でも重要な存在だった。緊張が高まっていた時期、ビエケスの運動家は、その地の闘いについて学び支持を集めるために沖縄に行った。沖縄の人々も同様にした。米軍基地がもたらす影響に取り組むコミュニティー同士の関係が花開いた。この関係は消えることはなかったが徐々に弱まっていった。それでもビエケスの人たちは沖縄との連帯を望んでいる。ビエケス人たちは沖縄に恩返ししたいという深い責任感を感じているし、また、自分たちの闘いが汚染除去と持続可能な開発という新たな段階に入り、連帯は今でも鍵を握るであろう。

私は個人的には、たとえ異なる優先順位を持って異なる将来像を描いているとしても、ビエケスと沖縄は今もお互いを必要としていると感じている。沖縄の人々は孤立してはいない。言語、文化、距離を乗り越えて、より公正で平和な世界を切望する人たちはたくさんいる。その切望の想《おも》いが、私に沖縄の地を再び踏ませたのである。

マリー・クルーズ・ソト（Marie Cruz Soto）
ニューヨーク大学准教授。１９７８年生まれ。プエルトリコ大学卒、ミシガン大学で博士号。ビエケス島をテーマに研究・執筆活動を行う。軍事化された植民地主義がどのように地域社会の形成に影響を与えてきたか、米軍基地に対する反対運動が、ビエケスと沖縄のような地域社会をどうつなぐことができるかに関心を持っている。昨年6月に続いて今年5月に沖縄を訪れた。

２０１７年6月20日

対話目指す韓国支持を

融和は米、アジアに有益

ジャーナリスト　ティム・ショロック

沖縄住民が自分たちの美しい島から米海兵隊を撤退させるための闘いを強化する一方で、北朝鮮のミサイル実験に対抗したトランプ政権のアジアでの軍事力増強の動きは、沖縄住民の闘いを一層厳しいものにしている。米空母が朝鮮半島近海に展開して北朝鮮をめぐる危機が高まる中、２０１７年5月24日に海兵隊のロバート・ネラー総司令官は上院歳出委員会の公聴会で証言した。

沖縄の海兵隊９千人をグアムとハワイに移転する計画についてネラー総司令官は、北朝鮮のミサイル技術向上を指すと思われる「敵対国の能力の変化」に触れながら、計画の変更や延期の可能性を匂わせた。また、変化する脅威に対応するため、米国太平洋軍は航空機を一時的に配属させるさまざまな選択肢を検討しているとも述べた。

計画変更の可能性は国防総省が承認したものではなく日本政府も否定している。しかし、これは、米国の前進戦略における沖縄の戦略的重要性と、北朝鮮の核への野望に対決するために日本、韓国と行っている大規模な共同軍事演習を裏付けるものだ。米軍にとってここ数カ月、米軍基地の重要性は増している。特に7月４日、北朝鮮が「米国本土を攻撃する能力があるＩＣＢＭ」と主張するミサイルを発射させた今はなおさらだ。

■済州に米艦寄港

２０１７年６月末、米国海兵隊のステルス戦闘機Ｆ35Ｂが空軍嘉手納基地に降り立ったことも、沖縄の戦略的価値が増したことを印象付けた。米国太平洋軍によると「この機種が沖縄に飛来するのは初」であった。これは沖縄住民の米軍機騒音被害に拍車をかけるものである。

一方、韓国では、米軍による「高高度防衛ミサイル（ＴＨＡＡＤ）」の配備に対して反米感情が高まっている。運動家たちは、米国、日本、韓国が採用する海上ミサイル防衛システムの急速な拡大に危機感を募らせている。済州島ではここ10年ほど地元の激しい反対運動の場となってきた韓国海軍の基地に、米国海軍のイージス搭載駆逐艦が初めて寄港した。韓国政府は、この基地を米艦船が使うことはないと何年も言い続けてきたが、最近の緊張の高まりを受けてその立場は変わった。

ソウルを拠点とする平和市民団体「参与連帯」の国際コーディネーターである白佳倫（ペク・ガユン）氏は５月末、ソウルで私のインタビューに対し「われわれは当初から、米国のアジア基軸戦略の一環として済州島海軍基地が使われることに懸念を表明してきた。今それが本当になっている」と語った。

しかしトランプ政権と安倍政権が北朝鮮に対する軍事的圧力を強めている中、韓国の文在寅（ムンジェイン）新大統領は、金正恩（キムジョンウン）政権に対話を呼び掛け、緊張緩和を目指している。

■韓国が主導的に

人権派弁護士出身で韓国の軍事独裁時代にデモに参加して２度逮捕された経歴を持つ文大統領は、過去の進歩的大統領であった金大中（キムデジュン）と盧武鉉（ノムヒョン）の「太陽政策」をモデルとしている。私は５月の大統領選挙期間中、文氏にインタビューした外国人ジャーナリスト２人のうちの１人であった。

韓国大統領選で文在寅候補（左）にインタビューするティム・ショロック氏＝2017年5月7日、韓国・光州市

文氏は私に対し、自分の平壌（ピョンヤン）政府への融和的アプローチは米国とアジア全体にとって有益となると強調した。「北朝鮮の核問題の解決はわれわれの共通の利益となる。韓国が積極的な役割を担えば米国の助けになるし米国の負担を減らすことになる」と文氏は述べた。６月に韓国で行われた世論調査によれば、韓国人の約８割が南北の対話再開を支持している。

６月29日に開かれた文大統領とトランプ大統領の初の首脳会談は、文氏のこのような取り組みへの大きな後押しとなった。ＴＨＡＡＤについては、環境影響評価が完了したら韓国政府は承認するであろうと、文大統領は大幅の譲歩をし、北朝鮮との経済、文化、スポーツ面での交流促進によって信頼関係を築き交渉再開することに対しては、米国の支持を得ることができた。

特に、米韓両国は共同声明で「適切な状況下においては」北朝鮮との対話を開始すると合意し、トランプ大統領は、平和的統一に向けての条件づくりにおいて韓国が「主導的役割」を果たすことを支持した。文大統領はワシントンをたつ前に在外韓国人の集まりで、統一への試みにおける韓国の主導的役割と、南北の対話再開に対してトランプ政権の支持を取り付けたことが首脳会談の重要な成果であったと語った。

■沖縄の正当な要求

ドイツでのG20サミットにおいて文大統領は和平への試みを継続した。北朝鮮がＩＣＢＭ実験を行った2日後にベルリンで行ったスピーチでは、適切な状況下においては金正恩朝鮮労働党委員長と会う意思があると宣言し、北朝鮮との平和条約締結に向けて努力することを約束した。文大統領は「朝鮮戦争関係国が全て加わった上で平和条約を締結し、朝鮮半島に恒久平和をもたらすべきである」と語った。

沖縄の市民は文大統領の平和への積極的な動きを支持することで、韓国と日本両方における米国の軍拡につながる重圧を軽減することができる。と同時に、韓国と米国の平和運動団体は、米軍基地を減らしていくための沖縄の人々の正当な要求を支持することでアジアの平和創造に貢献ができる。北東アジアで増大する緊張の中で前進するにはそれが唯一の道なのではないか。

ティム・ショロック（Ｔｉｍ Ｓｈｏｒｒｏｃｋ）
ジャーナリスト。１９５１年米国生まれ。宣教師の子として幼少期から思春期を日本と韓国で過ごし、現在はワシントンを拠点に活動。著書に、米国の課報活動外注の実態を論じた「雇われスパイ―課報アウトソーシングの秘密世界」（未邦訳、Ｓｐｉｅｓ ｆｏｒ Ｈｉｒｅ：Ｔｈｅ Ｓｅｃｒｅｔ Ｗｏｒｌｄ ｏｆ Ｉｎｔｅｌｌｉｇｅｎｃｅ Ｏｕｔｓｏｕｒｃｉｎｇ）など。最近は１９８０年の韓国・光州の民主化運動弾圧における米国の役割を調査している。

２０１７年７月18日

分

有された責任自覚　世界へ発信　努力続けたい

「ジャパンフォーカス」エディター　乗松聡子

「正義への責任―世界から沖縄へ」は２０１４年10月6日に開始、34人の著者と37回の連載を経て、歴史家ジョン・ダワーの大型論考をもって先日終了した。

連載のきっかけは、14年初頭、映画監督のマイケル・ムーアら１０３人の世界の学者・文化人・運動家が辺野古の新基地建設中止を米日政府に要求する声明を出したことに遡る。寄稿者の大半がこの声明の署名者であった。活動拠点別では米国が24人と最も多く、他には韓国、日本、オーストラリアが２人、英国、カナダ、台湾、ニュージーランドがそれぞれ１人であった。

■歴史的構造

連載のキーワードは「責任」である。声明に署名した１０３人の大半が「基地帝国」米国とその同盟国の市民であった。この連載は、この帝国の一部として軍事植民地化の状態に置かれ続けている沖縄に「正義」をもたらすための個々の「責任」を意識したものである。開始して間もなく、同じく『正義への責任』（岩波書店）という名の本が出ていたことに気づいた。米国の政治哲学者で２００６年に57歳の若さで亡くなったアイリス・マリオン・ヤング（シカゴ大学教授）の遺作の日本語訳であった。

この書でヤングは、社会の構造的不正義に対して、その不正義の生産、再生産に関与している行為者たちがその不正義を是正する責任を分有するという、責任の「社会的つながりモデル」を提唱している。これは特定の行為者を非難するモデルとは異なり、不正義の背景にある歴史を重視しつつ、社会の構成員が不正義を正す責任を負っていくという考え方である。

沖縄をはじめ、この連載で扱った韓国済州島、ハワイ、グアム、ビエケス、ディエゴ・ガルシアといった、世界中の島々の軍事植民地化という不正義があり、沖縄の場合さらに、不当に日本に組み込まれ差別を受けてきたという歴史的不正義構造がある。この連載で筆者たちが試みたのはまさしくヤングが提唱した、この不正義を是正するための分有された責任の自覚と表現であったと思う。例えば、リチャード・フォークは自らの使命を「市民巡礼者としての行動」と呼んだ（第29回）。

「正義への責任」①、②巻

俯瞰《ふかん》するに、『語られない米国史』の筆者オリバー・ストーンとピーター・カズニック（第19回）をはじめ、多くの筆者にとっては自国である米国の軍事主義に対する痛烈な批判を行った。キャサリン・ルッツ（第12回）は、根本的な問題として「米軍という巨大組織とその介入主義政策が生み出す莫大《ばくだい》な利益」を指摘する。米国政府は「戦争を永久に続けたい巨大軍事企業によって牛耳られている」とブルース・ギャグノン（第26回）は言う。彼は来沖したとき、米国の宇宙戦争計画をつかさどる軍事衛星通信の中継基地、フォート・バックナーに注目した。

■主流への挑戦

ギャグノンやデイブ・ウェブ（第25回）は、宇宙支配の絶対的優位性を保とうとする米国の標的は中国とロシアであり、ペンタゴンはＴＨＡＡＤ（高高度防衛ミサイル）や「ミサイル防衛」という名の「挑発行為」を正当化するために「北朝鮮の脅威を過度に宣伝」していると断言する。かたや朝鮮半島で終わらない戦争を終わらせ、離散家族の再会を願い非武装地帯の縦断を試みた女性たちの中にクリスティーン・アン（第11回）、アン・ライト（第30回）がいた。クォン・ヒョクテ（第27回）とチェ・ソンヒ（第22回）は沖縄基地を考えるにあたっての韓国との連動、連帯の重要性を再認識させた。

このように筆者たちの言論と行動は、軍需産業と一体化したかのような主流メディアとは一線を画している。ガバン・マコーマック（第4回）は、日本の反中的姿勢が沖縄を危険に晒《さら》しているのに沖縄ではそれに同調するかのように、中国との友好感覚が薄れていることを懸念する。中国ばかりがやり玉に挙げられるが日本も国土の12倍にも及ぶ、中国のそれを大きく上回る海洋権益を主張し、隣国全てと論争状態にあると言う。

そういった現状の中、キャサリン・ミュージックは大浦湾で「天にも昇る」気持ちでその健全なサンゴ礁生態系の中で潜り、基地建設から「私が死んで守れるのなら喜んでそうする」とまで語る（第6回）。デイビッド・バインは「ひめゆり学徒隊」体験者の女性の話を聞きながら「この人は私の祖母なのだ」との気づきの瞬間に涙した（第17回）。アレクシス・ダデンは米国での「日常の暴力」と沖縄への暴力を結び付ける「責任ある想像力」を米国人に求める（第5回）。沖縄への責任を自らの問題とし、沖縄文学の翻訳（第3回ラブソン）、沖縄戦証言の英語出版（第9回イーリー）、映画制作（第22回ユンカーマン、31回トレンブレー）などで「知る責任、知らせる責任」を実践する。

■真の監修者

３年間の連載は、『正義への責任』小冊子①、②巻が既刊、３巻完結編も刊行予定である。沖縄の読者からは、県外の日本人こそこれを読むべき、英語版を米国人が読むべきという意見をもらっており、実現させるために尽力中である。

最後に、この連載を通して、２０１７年6月12日に亡くなった大田昌秀元沖縄県知事が「沖縄の世界発信」について多大に貢献してきたことを痛感した。『天王山―沖縄戦と原子爆弾』著者のジョージ・ファイファー（第28回）をはじめ筆者の大半は大田氏と何らかの形で交流があった。シーラ・ジョンソン（第23回）は、保守論客であった亡夫のチャルマーズが大田氏の招きで沖縄に行って「欲深く広がる米軍基地と露骨な植民地支配に衝撃を受け」、晩年は米帝国批判に捧げたことを回想した。私自身２０１０年にインタビューして以来数々の教えと励ましを頂いた。この連載の真の監修者は大田さんと言っても過言ではないと思う。

しかしこの3年、私たちは沖縄への「正義への責任」を果たしたとはとても言えない。新基地建設工事を含む米日の沖縄軍事強化は止まらず、この間に米軍関係者による悲惨な暴行殺人事件も起きた。重い気持ちを抱えながらも、一歩一歩、変化をもたらすことができるように努力し続けたいと思う。

のりまつ・さとこ
『アジア太平洋ジャーナル・ジャパンフォーカス』エディター。カナダ・バンクーバー在住。ガバン・マコーマック氏と共著した『沖縄の〈怒〉―日米への抵抗』（法律文化社、２０１３）は英語、韓国語、中国語でも出版。留学生などを対象に異文化間コミュニケーションの講師も務める。

２０１７年10月7日

OKINAWAへ
海外識者メッセージ

海外の著名な文化人や識者１０３人が２０１４年１月、普天間飛行場の辺野古移設に反対し、即時閉鎖・返還を求める声明を発表した。声明とその後識者らが琉球新報に託して県民に寄せたメッセージを翻訳で紹介する。（識者メッセージの翻訳は琉球新報社）

海外識者声明全文

私たちは沖縄県内の新基地建設に反対し、平和と尊厳、人権と環境保護のためにたたかう沖縄の人々を支持します。

私たち署名者一同は、２０１３年末に安倍晋三首相と仲井眞弘多沖縄県知事の間でかわされた、人間と環境を犠牲にして沖縄の軍事植民地状態を深化し拡大させるための取り決めに反対します。安倍首相は経済振興をエサに、軍港をともなう大型の海兵隊航空基地を造るために沖縄北東部の辺野古沿岸を埋め立てる承認を仲井眞知事から引き出しました。

辺野古に基地を作る計画は１９６０年代からありました。それが１９９６年に掘り起こされ、前年に起こった少女暴行事件もあり当時沖縄で最高潮に達していた反米軍基地感情を鎮めるために、日米政府は、宜野湾市の真ん中にある普天間基地を閉鎖して、辺野古の新基地にその機能を移転させようと計画しました。辺野古は稀に見る生物多様性を抱え、絶滅の危機にある海洋哺乳動物、ジュゴンが棲息する地域です。

仲井眞知事の埋め立て承認は沖縄県民の民意を反映したものではありません。知事は２０１０年の知事選直前に、それまでの新基地容認姿勢を変更し、「普天間基地移設は県外に求める」と言って、新基地反対で一貫していた候補を破って当選しました。近年の世論調査では県民の辺野古新基地への反対は7割から9割に上っていました。今回の仲井眞知事埋め立て承認直後の世論調査では、沖縄県民の72・４%が知事の決定を「公約違反」と言っています。埋め立て承認は沖縄県民に対する裏切りだったのです。

在日米軍専用基地面積の73・８%は日本国全体の面積の０・６%しかない沖縄県に置かれ、沖縄本島の18・３%は米軍に占拠されています。普天間基地はそもそも１９４５年の沖縄戦のさ中、米軍が本土決戦に備え、住民の土地を奪って作りました。終戦後返還されるべきであったのに、戦後70年近く経っても米軍は保持したままです。したがって、返還に条件がつくことは本来的に許されないことなのです。

今回の合意は長年の沖縄の人々の苦しみを恒久化させることにもつながります。沖縄は、日本による17世紀初の侵略に始まり、19世紀末の日本国への強制併合を経て、１９４４年には、米軍の襲撃を控え、天皇制を守るための時間稼ぎの要塞とされました。沖縄戦では10万人以上、住民の4分の1にあたる人々が殺されました。戦後、米軍政下において基地はさらに増えました。沖縄は１９７２年に日本に「返還」されたものの、基地がなくなるとの沖縄住民の希望は打ち砕かれました。そして今日も、沖縄県民は基地の存在によってひき起こされる犯罪、事件、デシベル数の高い航空機の騒音や、環境汚染による被害を受け続けています。戦後ずっと、沖縄の人々は米国独立宣言が糾弾する「権力の濫用や強奪」に苦しめられ続けています。その例として同宣言が指摘する「われわれの議会による同意なしの常備軍の駐留」もあてはまります。

沖縄の人々は、米国の20世紀における公民権運動に見られたように、軍事植民地状態を終わらせるために非暴力のたたかいを続けてきました。生活を脅かす実弾砲撃訓練に対し演習場に突入して阻止したり、米軍基地のまわりに人間の鎖を作って抵抗を表現したりしました。大規模なデモが時折持たれ、約10万人――人口の10分の1にもあたる人々が参加してきています。80代の人たちが辺野古基地建設を阻止するために立ち上がり、座り込みは何年も続いています。県議会は辺野古基地反対の決議を通し、２０１３年1月には全41市町村首長が、オスプレイ配備撤回と県内移設基地の建設を断念するよう政府に求める建白書に署名しました。

私たちは、沖縄の人々による平和と尊厳、人権と環境保護のための非暴力のたたかいを支持します。辺野古の海兵隊基地建設は中止すべきであり、普天間は沖縄の人々に直ちに返すべきです。

２０１４年1月

署名者一覧（ファミリー・ネームのアルファベット順、2014年1月28日現在）

マシュー・アレン：ジェームズ・クック大学（豪）研究員
ガー・アルペロビッツ：メリーランド大学（米）政治経済学科教授
コージー（カズコ）・アメミヤ：沖縄移民研究家
コリン・アーチャー：国際平和ビューロー（IPB）事務局長
ノーマン・バーンボーム：ジョージタウン大学名誉教授
ハーバート・P・ビックス：ニューヨーク州立大学ビンガムトン校歴史学・社会学名誉教授
ダニエル・ボツマン：イェール大学日本史教授
ジャン・ブダール：核エネルギー情報サービス（シカゴ）
ライナー・ブラウン：国際平和ビューロー（IPB）共同代表、国際反核兵器法律家協会（IALANA）事務局長
ジェーン・カダレット：米国パックス・クリスティ
ヘレン・カルディコット：核のない将来のための財団、社会的責任を果たすための医師団初代会長
トニー・カスタンハ：ハワイ大学先住民学科講師
ソンヒ・チェ：チェジュ島海軍基地に反対するカンジョン村運動
ノーム・チョムスキー：マサチューセッツ工科大学言語学名誉教授
ビビアン・デイムズ：グアム大学社会福祉学科准教授（退職）
ウィニー・デトワィラー：サクラメント地区ピース・アクション
ケリー・ディエズ：イサカ・カレッジ政治学部助教授
ジョン・W・ダワー：マサチューセッツ工科大学歴史学名誉教授
ジーン・ダウニー：弁護士、著述家
アレクシス・ダデン：コネチカット大学歴史学教授
ジョーン・エックライン：マサチューセッツ大学公共コミュニティーサービス学部（退職）
ダニエル・エルズバーグ：核時代平和財団（Nuclear Age Peace Foundation）上級研究員、元国防総省・国務省職員
シンシア・エンロー：クラーク大学研究教授
リチャード・フォーク：プリンストン大学国際法名誉教授

パット・ファレル：アイオワ州ダビュークのセント・フランシス修道女会
トーマス・ファッツィ：著述家、映画監督（イタリア）、映画『Standing Army』（日本語版『誰も知らない基地のこと』）共同監督
ジョン・フェファー：政策研究所（IPS）「フォーリン・ポリシー・イン・フォーカス」（fpif.org）共同代表
ゴードン・フェルマン：ブランダイス大学（米）社会学教授
ノーマ・フィールド：シカゴ大学東アジア言語文明学部名誉教授
キャロリン・フォーシェイ：ジョージタウン大学英文学教授、ラナン詩学研究所長
ブルース・ギャグノン：「宇宙への兵器と核エネルギーの配備に反対する地球ネット」コーディネーター
ヨハン・ガルトゥング：社会学者、平和発展と環境のためのネットワーク「トランセンド」創立者
アイリーン・ゲンズィエー：ボストン大学政治学部名誉教授
ジョセフ・ガーソン（PhD）：「アメリカン・フレンズ・サービス委員会」平和と経済の安全保障プログラム部長、政治学・国際安全保障学博士
ゲリー・R・ゴールドスタイン：タフツ大学物理学天文学部教授
ローラ・ハイン：ノースウェスタン大学（シカゴ）日本史教授
ジョン・ホセバー：グリーンピース海洋キャンペーンディレクター
グレン・D・フック：シェフィールド大学東アジア研究所教授
ケイト・ハドソン（PhD）：核軍縮キャンペーン事務局長
ミッキー・ハフ：ディアブロ・バレー・カレッジ歴史学教授、「Project Censored」ディレクター
ビンセント・J・イントンディ：モンゴメリー・カレッジ歴史学准教授
ジーン・E・ジャクソン：マサチューセッツ工科大学人類学教授
ポール・ジョバン：パリ・ディドゥロ大学東アジア言語文明学科准教授
シーラ・ジョンソン：　日本政策研究所（カーディフ、カリフォルニア）、故チャルマーズ・ジョンソン夫人
ピーター・ジョーンズ：タスマニア大学アジア学部講師（ホバート、豪）
ポール・ジョセフ：タフツ大学社会学教授
ジョン・ユンカーマン：映画監督、『映画日本国憲法』監督
ルイース・カムプフ：マサチューセッツ工科大学　人文学部名誉教授
ブルース・ケント：国際平和ビューロー元会長　英国核軍縮キャンペーン元議長
アサフ・クフーリ：ボストン大学数学・コンピュータサイエンス教授

ピーター・キング：シドニー大学名誉教授・人類生存プロジェクト召集者
ナオミ・クライン：著述家、ジャーナリスト
ジョイ・コガワ：作家、『オバサン』（和訳『失われた祖国』）著者
ピーター・カズニック：アメリカン大学歴史学教授
ジョン・ランペルティ：ダートマス大学数学名誉教授
スティーブ・リーパー：広島女学院大学教授
ダイアン・レビン：ウィーロック大学（米）教育学教授
ピーター・リム：ミシガン州立大学歴史学教授
ダグラス・ラミス：沖縄国際大学講師
キャサリン・ルッツ：ブラウン大学人類学・国際問題学教授
キョー・マクレア：作家、児童文学者
マイレッド・マグワイア：ノーベル平和賞受賞者
ケビン・マーティン：ピース・アクション事務局長
ロバート＆ジュリア・K・マツイ・エストレラ：映像作家、写真家
ケイコ・マツイ・ヒガ：著述家
ガバン・マコーマック：オーストラリア国立大学名誉教授
ズィア・ミアン：プリンストン大学
マイケル・ムーア：映画監督
リサリンダ・ナビダッド：グアム大学社会福祉准教授
アグネータ・ノーベルグ：スウェーデン平和評議会
エイイチロウ・オチアイ：ジュニアータ大学（米）名誉教授
サトコ・オカ・ノリマツ：ピース・フィロソフィー・センター代表
クーハン・パク：グローバライゼーションについての国際フォーラム（サンフランシスコ）
エンリコ・パレンティ：映画監督（イタリア）、映画『Standing Army』（日本語版『誰も知らない基地のこと』）共同監督
リンディス・パーシー：米軍基地の説明責任キャンペーン・コーディネーター（英国）
ソフィー・クイン＝ジャッジ：テンプル大学歴史学准教授

スティーブ・ラブソン：ブラウン大学名誉教授・米陸軍退役軍人（沖縄・辺野古にて１９６７－１９６８年駐留）
Ｊ・ナラヤマ・ラオ：文化、教育、経済センター書記（インド）
ベティ・レアドン：国際平和教育学会教育学教授および名誉創始者
デイビッド・レイノルズ：戦争抵抗者インターナショナル前議長、１９８０年と２０００年の社会党大統領候補
デイビッド・ロスハウザー：朝鮮戦争退役軍人、ＷＩＬＰＦ９条キャンペーン、映画『被爆者、わが人生』監督
オーレリー・ロヨン：フランス平和運動（Mouvement de la Paix）
マーク・セルダン：コーネル大学東アジアプログラム上級研究員
マーティン・シャーウィン：ジョージ・メイソン大学教授　ピュリッツアー賞受賞者
アリス・スレイター：アボリション２０００調整委員会
マーク・ソロモン：シモンズ大学歴史学名誉教授
ジョン・スタインバック：首都圏ヒロシマ・ナガサキ平和委員会（ワシントンＤＣ）
オリバー・ストーン：映画監督
デイビッド・スズキ：生物学者、科学番組キャスター、著述家、環境運動家
コウジ・タイラ：イリノイ大学アーバナ・シャンペーン校経済学名誉教授
ロイ・タマシロ：ウェブスター大学（米）教授
マイケル・トルゥー：アサンプション大学（米）名誉教授
ジョー・バレンタイン：オーストラリア連邦議会元オーストラリア緑の党上院議員
カレル・バン・ウォルフェレン：アムステルダム大学名誉教授、著述家
デイビッド・バイン：アメリカン大学人類学部准教授
バネッサ・ウォーハイト：映画監督、『離島の帝国　マリアナ諸島のアメリカ』監督
デイブ・ウェブ：リーズ・メトロポリタン大学（英）平和と紛争解決学名誉教授、核軍縮キャンペーン議長
ロイス・ウィルソン：世界教会協議会前総会議長
ルーカス・ワール：地球的責任のための技術者・科学者国際ネットワーク（独）プログラム・ディレクター
ローレンス・ウィットナー：ニューヨーク州立大学アルバニー校歴史学名誉教授
アン・ライト：陸軍大佐、元米国外交官
アンジー・ゼルター：トライデント・プラウシェア運動（英国）

世界が沖縄支援

アメリカン大学教授　ピーター・カズニック

オリバー・ストーン氏（左）と共に昨年夏に来沖し、普天間飛行場を視察したピーター・カズニック氏＝2013年8月

映画監督のオリバー・ストーン氏やピース・フィロソフィーセンターの乗松聡子代表と、昨夏に沖縄を訪ねた際、並外れた人生経験を持つ人たちから親切で寛大な迎えを受けた。その中には政治家やその経験者もいたが、中でも鮮明に記憶に残っているのが稲嶺進名護市長と大田昌秀元沖縄県知事だ。

バックボーンや信念のない政治家は、あまりにも頻繁に権力や公共事業のために選挙民との「約束」を売り渡してしまう。つい最近、仲井眞弘多沖縄県知事がそうしてしまったように。だが私たちは稲嶺氏や大田氏はそうでないとすぐに分かった。彼らは誠実で情熱的に沖縄の人々のことを気に掛けていた。そして辺野古移設をやめるために現在繰り広げられている闘いは、沖縄だけでなく世界中の社会正義のためだということを理解していた。

私はワシントンに帰ってからもずっと沖縄の動向を追ってきた。先の名護市長選で移設阻止を訴えた稲嶺氏が再選したのは最も大きな喜びだ。稲嶺氏は地球の至る所に浸食する米軍基地に抵抗する、世界の勇敢な人々の「顔」となった。

チャルマーズ・ジョンソン（国際政治学者）が述べたように、米国は自国領の外に７００〜１０００もの基地を置く「基地の帝国」を築いた。そして軍事主義に基づき、紛争に次ぐ紛争を過去70年繰り返してきた。多くの人々はもめ事の解決には別の方法が必要だと信じている。爆撃と侵攻は機能しなかった。沖縄を基地で汚染したとしても、日本や米国の人々を安全にすることはない。実際はその逆の影響を及ぼすだろう。

沖縄の人々へ。今後も誇り高く勇敢であり続け、あなたたちは孤立していないことを知ってほしい。世界の友人は皆さんの英雄的な闘争を広げようと、できる事を全てする。稲嶺氏や大田氏のようなリーダーがいれば、成功への望みは残っている。

ピーター・カズニック
アメリカン大学教授（歴史学）「オリバー・ストーンが語るもうひとつのアメリカ史」共著者。

市民の抵抗に感銘

アメリカンフレンズ奉仕委員会　ジョセフ・ガーソン

稲嶺進市長の再選を目にし、予算をちらつかせて基地受け入れを迫る腐敗政治と軍事主義に抵抗する結論を名護市民が出したと、感銘を受けている。安倍晋三首相と仲井眞弘多知事は市民の希望と意思を無視して基地建設を進めようとしているが、われわれは今後も名護と沖縄の人々と環境を守ることに積極的に力を注ぎ続ける。持続性が不可欠だ。

市民は封筒いっぱいの現金と開発援助による浅はかな手法で買収されることを拒否した。東京にとって優先度の高い政策や軍事同盟に関することで、市民がこれほど勇敢に抵抗する姿を見せたことは、日本のどの自治体でもなかった。

名護市民は今後何十年にわたり沖縄の軍事植民地化を進めようとする試みを防いだ。これは沖縄だけでなく、日本、アジア太平洋の人々を共鳴させ、世界をさらに平和で安定したものにしようとする行動を呼び起こすものだ。

残念ながら闘いはまだ終わっていない。安倍首相とオバマ大統領は両国が「価値観を共有している」と喧伝《けんでん》しているにもかかわらず、名護の人々が実践している民主主義に侮辱的態度を取っている。

安倍首相は市長選の結果で米国に対する「約束」を果たせなくなる恥をかいた。すると今度は選挙結果を無視して移設を強行しようとしている。われわれは沖縄の人々にこの「勝利」を守ってほしいし、われわれも積極的に行動する。首相は2007年に自身の国家主義的政策を過度に押し通そうとした結果、首相の座を下りるはめになった。このようなことは初めての経験ではない。

先日発表した声明が知事の埋め立て承認に落ち込んでいた沖縄の人々にとって励ましになったと聞き、喜んでいる。これからも平和で民主的な名護の人々を支持し続け、辺野古に新たな基地を造らせず、普天間飛行場を閉鎖し、「植民地主義」を「人間の安全保障」に置き換えていきたい。

ジョセフ・ガーソン
1947年にノーベル平和賞を受賞した米平和団体、アメリカンフレンズ奉仕委員会の平和と経済の安全保障プログラム部長。

日米は県民の声尊重を

フォーリン・ポリシー・イン・フォーカス共同代表　ジョン・フェファー

辺野古移設に反対する稲嶺進名護市長が再選したのはとてつもないニュースだ。太平洋の向こうから沖縄を応援している人たちをさらに後押しするだけでなく、この闘いの二つの重要な根底を再確認する出来事だからだ。

まず一つ目はこの選挙は民主主義における自己決定権の下、市民が決断を下したという点だ。日米政府はこれまで沖縄に解決策を押し付けることはしないと説明してきた。そして何度も何度も、沖縄の人々は地域、市町村、県全体のあらゆるレベルで声を上げてきた。

そこから分かることとは、県民は米軍基地を増やしたり、島の中で右から左に移動したりすることではなく、減らすことを望んでいるということだ。そして今回の市長選の結果は、直近でその意志を示した、唯一の民主的な決断だ。仮に日米政府が今後も民主国家を標榜《ひょうぼう》していきたいのならば、彼らはこの結果を認識すべきだ。

二つ目は金との関係だ。基地の存在を支持する人たちはしばしば、米軍駐留による経済的利益に言及する。それは幾つかのビジネスでは確かに事実だ。だが世の中は金が全てではない。名護市長選や世論調査は多くの市民が金よりも大事にすべき価値があると考えていることを示した。市長選の終盤で自民党は５００億円の名護振興基金設立に言及し、移設推進派の候補への投票を誘導した。にもかかわらず市民は「賄賂」になびくことはなかった。

米国は沖縄での基地の影響を縮小すると約束し、沖縄の民主的な希望を尊重するとも約束してきた。そして県民は再び声を上げたのだ。時は来た。ワシントンはその声を聞かなくてはならない。

ジョン・フェファー
米国際問題専門シンクタンク「フォーリン・ポリシー・イン・フォーカス」共同代表。

米軍は無条件で去れ

ピース・アクション事務局長　ケビン・マーティン

約10年前に平和団体のゲストとして沖縄を訪ねた時、これまで見た中で最も美しい場所の一つだと感じた。だが美しい海など、その景色を上回った唯一のものは、気高く美しく、寛大で、友好的で平和的な島の人々だった。そしてあの美しい平和祈念公園を訪ねた時、第2次世界大戦で命を落とした人々に祈りをささげる誓いの記念碑（平和の礎）が波のように並ぶのを見て、自然と涙があふれた。そして沖縄の人々の歴史と文化に引き付けられた。

普天間飛行場を見渡すことができる場所から、巨大な輸送機がアパートのすぐ上を飛び交い、タッチ・アンド・ゴー訓練をしているのを目の当たりにした。世界でも最も美しい場所の一つに恐ろしいほどの米軍基地が集中していることに、非常に気を悪くした。

われわれは沖縄から米軍基地を撤去することを求め続けている。普天間飛行場を閉鎖する代わりに辺野古に新たな基地を建設するのは、受け入れられない解決策であり、彼らは無条件で島を去らなければならない。

残念ながら、沖縄の米軍基地はアジア太平洋に軍事力を傾ける米軍の見当違いの「リバランス（バランスの取り直し）」や「ピボット（アジア旋回）」戦略に組み込まれている。オバマ大統領と安倍首相の政策は中国を孤立させ、北朝鮮を脅そうとするものだ。だがそれは人々の願いを体現するものではない。日本と米国の人々はそれぞれの国が互いの文化や歴史を尊重し、絆を深め、経済的にもつながり合うことを求めている。

これらの結び付きを強めることこそがアジア太平洋で最も重要なことだ。大きな基地を新たに建設することではない。われわれは沖縄の人々と共に、新たな基地建設と軍事主義の台頭に対し、反対の意思を示し続ける。

ケビン・マーティン
米国最大の平和・軍縮団体「ピース・アクション」(会員10万人)事務局長。

平和守る闘い続ける

米コネティカット大学教授　アレクシス・ダデン

私の息子は日米政府が普天間飛行場の代替基地を建設しようとしている大浦湾から民主主義を学んでいる。8歳の彼は4歳と7歳の時に大浦湾を訪ねた。彼は岩登りやカニ採りを楽しみ、たくさんの友達を作った。米東部に住むわれわれにとって大浦湾へ泳ぎに行くことは容易なことではないが、その機会に大切なことを学んだ。

息子は全く言葉が通じない相手とも一緒に遊べることを理解した。彼や同世代の子どもたちは、人間の活動から自身を守ることができない動物や生態系の叫びに耳を傾けなくてはならないと実感した。そして最も大切なことは、この世界では米国によってさまざまなことが起きていることを、彼は米国人の一人として知るべき大きな責任があるということだ。

2012年7月に沖縄を訪れた時。私たちは辺野古のビーチにとげとげしい針金が上に付いた、高いフェンスが新たに建設されたのを目の当たりにした。そのフェンスは沖縄と米国を分断していた。以前そこにあった古い巻き型の針金が、税金を投じ、さらに屈強で耐久性のあるものに取り換えられたことが信じられなかった。この醜い構造物は米国の恥だ。

だがそれは大浦湾の教えをより明確にし、われわれに新たな誓いをさせる。大浦湾から学び続け、それを伝え続け、平和な現在と未来を守るために闘い続ける誓いだ。一緒に頑張ろう。

アレクシス・ダデン
米コネティカット大学教授（歴史学、東アジア近現代史）。米国と日中韓の関係などで著書多数。領土、歴史問題などで積極的に発言。

県民の奮闘に敬礼

米ブラウン大学名誉教授　スティーブ・ラブソン

辺野古の海兵隊基地建設に対し、沖縄の人々が根気強い抵抗を続けていることに、多くの米国人が感服している。

名護市長選の結果は米国メディアが広く報道した。２０１４年1月19日のニューヨーク・タイムズ紙は「移設計画は島から米軍基地をなくしてほしいと求める沖縄の人々から、猛烈に反対されている。普天間飛行場は環境汚染や犯罪を巻き起こす、煩わしい米軍のプレゼンス（存在）の象徴として見られている。県民は沖縄に在日米軍人の半数以上が駐留することに対し、不均衡な犠牲を払っている状況も批判している」と伝えた。

海水浴、シュノーケリング、魚釣りを楽しんだ穏やかな海。かつて辺野古に駐留した経験があるわれわれは、豊かな自然に包まれた亜熱帯の環境を鮮明に記憶している。われわれの中にはその時にできた地元の友人たちと、今も連絡を取り合っている者もいる。私が沖縄にいたころ、2人の同僚が辺野古の女性と結婚し、彼女たちと共に米国へ戻った。

われわれ辺野古の退役軍人は先日、オバマ大統領、ヘーゲル国防長官に対し、住民生活の安全や生活の質、環境に重大な影響を与える移設をやめるよう求める手紙を送った。

われわれは沖縄の人々が本当の民主主義原則を守ろうとするために奮闘していることに対し、敬礼する。

スティーブ・ラブソン

米ブラウン大学名誉教授（東アジア研究）。ベトナム戦争に伴い徴兵され、1967〜1968年に陸軍兵として辺野古に駐在した。

民主主義の春は名護から

オーストラリア国立大学名誉教授　ガバン・マコーマック

沖縄は最終的にカネで買うことができる。ただそれは値段の問題だ——と東京は深く信じているようだ。それは県民に対する差別や侮辱を反映している。日本政府は２０２１年度まで毎年３千億円の振興予算を確保すると仲井眞弘多沖縄県知事に約束した。自民党の石破茂幹事長は名護市長選の最中、５００億円の振興基金設立を表明した。こうした不公平な選挙戦にもかかわらず、政府・与党に挑戦する地元住民の結束は、驚くべき選挙結果をもたらした。

もし国家権力が名護の民主的勢力を孤立、敗退させることに成功すれば、それを至る所に広げようとするに違いない。

名護市長選の最中、米国やカナダ、ヨーロッパ、オーストラリアの29人の識者や平和運動家、アーティストたちのグループが、沖縄の新基地建設に反対し、普天間飛行場の無条件返還を求める声明を発表した。ささやかで、遅ればせながらの国際的な連帯表明に対する反響、とりわけ沖縄からの反響は感動的だった。稲嶺進名護市長をはじめ、多くの人が国際的に支援されていることに勇気付けられたと語った。沖縄のこの闘争には大義がある。

市民が中心となった非暴力の民主的運動を長年続けてきた人々が連帯を希求してきた。当然のことだが、しかし本土からも国際社会からも、連帯はなかなか得られない。将来は相当厳しい。だから国内的、国際的な連帯がもっと必要だ。アジアに「民主主義の春」が来るとしたら、それは絶対に沖縄、名護から始まる。

ガバン・マコーマック
オーストラリア国立大学名誉教授。専門は東アジア近現代史、主に日本近現代史。神戸、京都、立命館、筑波の各大学などで客員教授を歴任。

米の軍拡を止めよう

国際ＮＧＯコーディネーター　ブルース・ギャグノン

日米両政府が金で名護市長選に影響を及ぼそうとしたにもかかわらず、稲嶺進氏が名護市長に再選したことに勇気づけられた。

中国を制御し支配するため、米軍はアジア太平洋で拡張を続けている。韓国・済州島、グアム、フィリピン、オーストラリアと同様、米国防総省にとって沖縄は単なる便利な道具だ。米軍の拡大は地域を不安定にし、環境にも影響を与えている。（こうした状況を改善しようとする）人々の願いを握りつぶそうとするのは日米両政府などによる人権侵害だ。

だが沖縄や済州島の運動は世界に広がっている。軍事拡大の動きは世界の平和に危険なことだと多くの人々が注視している。これを止めなくてはならない。沖縄はその先頭に立っているが、置き去りにされたり忘れられたりはしない。

われわれはオバマ政権のアジア太平洋地域への「軸足移動」戦略の実像について、知識の普及に励んでいる。この政策は軍需産業をさらに潤わせ、世界を支配する米政府を支配する企業に、その利益を分配するものだ。軍事に多大な費用を投じ、社会を破壊するという理由からも反対している。医療、公共交通、教育、インフラにかける予算は不足している。沖縄の人々から土地を奪い、戦争の準備をするのは間違いだ。沖縄の人々がこの問題に立ち向かっていることに感謝する。この狂気に終止符を打たなくてはならない。一緒に闘えることを誇らしく思う。

ブルース・ギャグノン
国際NGO「宇宙への兵器と核エネルギーの配備に反対する地球ネットワーク」コーディネーター。

沖縄の抵抗　世界的に重要

ニューヨーク州立大学名誉教授　ハーバート・P・ビックス

米国は人口密集地にある普天間飛行場を名護市辺野古に移転し、その費用を全て日本政府が支払う現在の移設計画を断念することを拒んでいる。しかし最近の選挙で名護の人々と、沖縄の圧倒的多数の住民は、それに熱烈に反対している。

右翼的な安倍政権と、仲井眞弘多知事による企ては、米国の土地収奪や軍拡主義に対する長い闘争にさらに火を付けている。人々の願いや議会の決議を軽視し、彼らが新基地建設に合意した結果、住民運動はさらに激しくなるだろう。日米両政府は以前にも増して、そのリスクを高めてしまった。

沖縄の非暴力の抵抗は多くの理由から、世界全体にとって珍しく、極めて象徴的で、重要な役割を果たしている。日本本土が終戦から復興するさなか、沖縄は米軍占領のほぼ全ての負担を背負わされた。米軍機の騒音被害に加え、強奪、交通事故、性的暴行など米軍人犯罪にも悩まされている。沖縄はその小さな島から米軍基地を取り除き、不公正さに終止符を打つため、平和的手法で闘い続けてきた。

沖縄を語る時、覇権主義に反対し、平和憲法を守ろうとする闘いがあることも心にとどめなくてはならない。これは日本の政権が進める秘密主義に対する運動でもあり、軍事植民地主義的な地位協定に基づき、米軍を置くことで同盟国に対する主導権を握る国防総省の政策に対するものでもある。沖縄の米軍基地に対する行動の一つ一つが、安倍政権が進めようとしている軍拡主義や秘密主義、反民主主義的な政策を監視することにつながる。

ハーバート・P・ビックス
ニューヨーク州立大学ビンガムトン校歴史学・社会学名誉教授。元一橋大大学院社会学研究科教授。2001年にピュリッツアー賞受賞。

新 基地は環境、文化破壊

ブリティッシュコロンビア大学名誉教授　デイビッド・スズキ

沖縄への新基地建設は美しい自然だけでなく、重要な地域文化を破壊する。正気の沙汰とは思えない。住民が経済的理由で計画を容認するなら、非常に破滅的な道に進むことになる。

脅威に基地で対抗すれば危機を永遠に生み出すだけだ。憲法は米国の押し付けだという声もあるが、恒久平和をうたう部分は他の国々から日本を決定的に際立たせる特別なものだ。日本は軍事力ではなく、文化力に秀でた国として世界のお手本であってほしい。

カナダ西部ブリティッシュコロンビア州のハイダ・グワイ地域では、ハイダ族が祖先の土地を守るため、カナダ政府と企業の伐採計画と闘い、勝利した。部外から支援しようとする人はいたが、ハイダ族は自主性を重んじて抵抗した。世界中で固有の地域社会や文化を守ろうとする人たちが立ち上がっている。沖縄もその一つだ。

だが新基地建設を容認し、自然や地域社会の保護を諦めれば沖縄も日本本土やその他の世界と同じになってしまう。つまり経済のために多様な生物の生息地と生態系を破壊し、地域の伝統を消失させる恐ろしい時代の一部になるということだ。

もしどうしても基地を建設するなら、人間の周りに金網を張り巡らせるべきだ。自然を破壊して自分たちだけ生き残ろうと思っている人間の方が地球にとっての脅威だ。

デイビッド・スズキ

カナダのブリティッシュコロンビア大学名誉教授（生物学）。日系3世、戦時中は強制収容所で過ごす。カナダ放送協会の人気テレビ番組を担当。2004年、国民投票で「現存する最も偉大なカナダ人」に選ばれた。

沖縄の〝物語〟世界へ

詩人・小説家　ジョイ・コガワ

私の子どもたちの父方のルーツは沖縄にある。私の父と兄も1952年と1992年からの数年間、沖縄で働いていたことがあり、つながりを感じる。沖縄について私が問い続けているのは「なぜ世界でも最も平和的な場所に住む人々が、軍事機構から標的にされ、無視され、侮辱され続けているのか」ということだ。私が思うにその答えは、沖縄は平和の道を求める尊い要求をしているからなのだ。

(人種隔離政策と闘った)ネルソン・マンデラ元南アフリカ大統領はロベン島で投獄された間、毎日少しずつ、目に見えない形で気高い心を育み、学んでいった。そして彼は「私たちの心に平和をもたらすのは、ほかの何でもなく『許し』だ。憤りは毒を飲むようなもので、敵を殺してしまいたいと望むことになる」と語った。この理想を原動力に、彼は正義のための彼の闘争を諦めなかった。

(沖縄戦があった)1945年。世界の歴史でも最も激しい地上戦があった場所で、愛らしい子どもたち、祖父母、家族たちがガマの中から立ち上がった。その物語はもっと世に知られるべきだ。

その時は近づいている。沖縄の文化に根差した、調和をもたらす癒やしの鎮痛剤は、「軍事機構の計算」の中に閉じ込められ、冷たく凍りおびえた心に自由をもたらすだろう。

ジョイ・コガワ
日系カナダ人の詩人、小説家。代表作に「オバサン」（邦題・失われた祖国）。１９８６年にカナダ勲章、２００６年にはブリティッシュ・コロンビア勲章を受賞。

「オール沖縄」回復を

シカゴ大学名誉教授　ノーマ・フィールド

稲嶺進名護市長が再選したニュースを知った時、小さな叫びを抑えられなかった。政府はこの選挙結果に懲りることなく、移設を進める意志を明確にしているが、前に立ちはだかる壁を消し去ることはできない。稲嶺市長の勝利は決定的だ。

アメとムチを用いるのは容易だが、基地によって、今後数十年にわたりもたらされる社会変容による構造的障害の克服を考えるのは、困難だ。辺野古は小さな集落だが、移設で最も大きな傷を受ける地域だ。17年にわたる争いは、近所や家族同士にも対立を生み出してしまった。長く漁を続けてきた漁民にとって、防衛省からの収入保障と引き換えに船を手放すことは容易な選択ではないはずだ。

米国で最も貧しいニューメキシコ州では、長崎に投下された原爆を生み出したロスアラモス国立研究所が大きな雇用施設として栄えた。特効薬はないが、分断統治を試みる情け容赦ない手法に抵抗するためには、このようなことを心にとどめておく必要がある。名護市長選を機に沖縄の人々が再び「オール沖縄」の精神を回復してほしい。われわれも連帯を表明する。

ノーマ・フィールド

シカゴ大学東アジア言語文明学部名誉教授。第2次世界大戦直後、東京で生まれる。著書に昭和天皇の死去までの日を描いたルポ「天皇の逝く国で」など。

あとがき

米国の独立宣言を沖縄の視点であらためて読み込んでみると、興味深い点が次々に浮かび上がる。「国王は、われわれの立法府の同意を得ることなく、平時においてもこの地に常備軍を駐留させている」。この「国王」を日本政府、「われわれの立法府」を県議会、「常備軍」を米軍と読み替えると、見事に今の沖縄と符合する。県議会の多数派が反対するのに新基地建設を進めているからだ。沖縄の全議会の反対決議を無視して、垂直離着陸輸送機オスプレイを配備したのも記憶に新しい。

「国王は以下のような法律を承認してきた……（中略）『その軍隊が諸邦の住民に対して殺人を犯すようなことがあった場合でも、見せかけばかりの裁判によって彼らを処罰から免れさせる法律』」

これなど、米軍人が悪質な犯罪をしても基地内に逃げ込めば逮捕もできない日米地位協定を想起させる。

「国王は（中略）死と荒廃と専制の事業を完遂するため、現に外国人傭兵の大軍を輸送している」

米軍基地が戦争の準備のための施設であり、戦争とは殺し合いにほかならないのだから、「死と荒廃と専制の事業」とは、さしずめ新基地建設に該当しよう。辺野古新基地建設のために警視庁その他の機動隊を大量動員している今の沖縄を予言したかのような文言である。

このように、いくつもの文言が符合するのはなぜか。独立宣言は、英国の植民地であったアメリカ大陸の住民が宗主国の横暴に対して突き付けた異議申し立てである。今の沖縄がまさに、それと同様の植民地である、ということの表れにほかならない。

このような相似形に気付かせてくれたのが、2014年1月、世界の識者103人が発した辺野古新基地建設反対の声明であった。声明は「戦後ずっと、沖縄の人々は米国独立宣言が糾弾する『権力の乱用や強奪』

に苦しめられ続けて」いると指摘した。重要な視点の提起である。

同年秋に琉球新報紙上で始まったこの「正義への責任」の連載が、さらにそれを裏付けた。この植民地状況を明確に指摘し、世界標準に照らせばそれが明らかに正義に反していると警鐘を鳴らし続けてくれた。

われわれ沖縄の新聞は、日本と米国が沖縄に対して続けている軍事植民地扱いをやめ、沖縄の自己決定権を尊重すべきだと訴えてきた。その訴えが、国際標準に照らせば極めて真っ当な、ごく常識的な訴えであることも、この連載は証明してくれたと考えている。

これまで沖縄側からこの種の訴えが発せられることはあっても、日本、あるいは米国の側から発せられることはほとんどなかった。その意味でこの評論集は希少かつ貴重である。しばしば、訴えが空中で霧消するかのような徒労感を覚える中で、壁の向こう側にも同様の視点があることを実感させてもらった。いささか大げさな表現を使えば、人類に対する信頼感を回復させてくれた、とさえ言える気がするのである。

「正義への責任」は２０１４年秋から２０１７年秋の３年間にわたり、計34人の識者に執筆していただいた。世界的にも名の知られた、そうそうたる顔ぶれである。こうした著名な識者に、沖縄側の訴えの正当性を保障していただいた意義は計り知れない。あらためて謝意を表したい。

そして何より、こうした方々に対し粘り強く働き掛け、沖縄の状況を丁寧に説明し、執筆を依頼してそれを翻訳した乗松聡子氏に、深い敬意と謝意を表したい。乗松氏がいなければこの企画が存在しなかったのは言うまでもない。知的誠実にあふれたこのような人物が沖縄に関心を寄せ続けていることの幸運を、しみじみ実感するのである。


（２０１７年11月２日）

琉球新報　編集局長　普久原　均

関連年表〈辺野古新基地問題を中心に〉

1995年	9月 4日	3人の米兵による少女乱暴事件発生
	10月21日	少女乱暴事件に抗議する県民総決起大会。8万5千人参加
	12月 7日	村山富市首相が代理署名の職務執行を要求して大田昌秀知事を提訴
1996年	4月12日	橋本龍太郎首相とモンデール駐日米大使が普天間飛行場返還を発表
	8月28日	代理署名訴訟最高裁大法廷判決で大田知事敗訴
	12月 2日	日米両政府が普天間飛行場の移設先を沖縄本島東海岸沖とする日米特別行動委員会(SACO)最終報告を承認
1997年	4月17日	駐留軍用地特別措置法改正案が参院本会議で約9割の賛成で可決・成立
	12月21日	普天間代替施設建設の是非を問う名護市民投票で反対が52・85%
1998年	11月15日	使用期限15年の条件付きで名護移設を掲げた稲嶺惠一氏が県知事に初当選
	12月28日	政府が代替施設を辺野古沿岸域と閣議決定
2004年	4月19日	那覇防衛施設局が辺野古沖で移設事業に着手。反対住民らの座り込み始まる
	8月13日	米軍大型ヘリが沖縄国際大学に墜落
2010年	1月24日	名護市長選で移設反対を訴えた稲嶺進氏が初当選
2012年	9月 9日	オスプレイ配備に反対する県民大会に10万1千人参加
2013年	1月28日	全41市町村長、議会議長らが署名した「建白書」を安倍晋三首相に提出
	12月27日	仲井眞弘多知事が辺野古埋め立てを承認
2014年	1月 8日	世界の識者・文化人が辺野古新基地建設反対の声明
	8月17日	沖縄防衛局が辺野古で10年ぶりにボーリング調査開始
	11月16日	県内移設反対を公約した翁長雄志氏が大差で県知事に初当選
	12月14日	衆院沖縄選挙区の全4区で新基地建設に反対する候補が勝利
2015年	9月21日	翁長知事が国連人権理事会総会で演説し、「新基地は人権侵害」と訴える
	10月13日	翁長知事が前知事による埋め立て承認を取り消し
	11月17日	国土交通相が埋め立て承認取り消しは違法として翁長知事を相手取り福岡高裁那覇支部に提訴
2016年	3月 4日	裁判で国が和解を受け入れ訴訟取り下げ、新基地工事中断
	5月19日	4月28日に行方不明になった20歳女性を遺体で発見。米軍属の男逮捕
	6月19日	米軍属女性暴行殺人事件に抗議する県民大会に6万5千人参加
	7月10日	参院選沖縄選挙区で伊波洋一氏が自民現職を大差で破る
	7月22日	反対住民を排除して北部訓練場内でオスプレイ発着場の建設工事を強行
	8月12日	ベテランズ・フォー・ピース(VFP)が米国で開かれた総会で辺野古新基地建設と米軍北部訓練場でのオスプレイ発着場新設の中止を求め決議、2年連続
	9月16日	福岡高裁那覇支部が知事の埋め立て承認取り消しを違法とする判決
	10月17日	発着場への抗議行動の中で山城博治沖縄平和運動センター議長が逮捕
	10月18日	北部訓練場のオスプレイ発着場建設現場で大阪府警の機動隊員が抗議する市民に「土人」と暴言
	12月13日	オスプレイが名護市安部の海岸に墜落、大破
	12月20日	最高裁が知事の埋め立て承認取り消しを違法とする判決
	12月26日	翁長知事が埋め立て承認の取り消しを取り消す
	12月27日	辺野古で工事再開
2017年	1月30日	翁長知事が3度目の訪米要請に出発
	3月18日	山城沖縄平和運動センター議長が5カ月ぶりに保釈
	4月25日	辺野古で護岸工事開始
	6月15日	山城沖縄平和運動センター議長が国連人権理事会で声明発表
	7月24日	県が国を相手に辺野古埋め立て工事の差し止めを求め提訴
	10月22日	衆院選挙で沖縄選挙区の全4区のうち3区で新基地建設に反対する候補が勝利

初出一覧（琉球新報掲載日）

【OKINAWAへ・海外識者メッセージ】＜第3巻＞

2014年 1月28日　ピーター・カズニック
1月29日　ジョセフ・ガーソン
1月30日　ジョン・フェファー
2月 4日　ケビン・マーティン
2月 7日　アレクシス・ダデン
3月12日　スティーブ・ラブソン
3月13日　ガバン・マコーマック
3月14日　ブルース・ギャグノン
3月16日　ハーバート・P・ビックス
3月18日　デイビッド・スズキ
3月20日　ジョイ・コガワ
3月21日　ノーマ・フィールド

【正義への責任ー世界から沖縄へ】

10月 6日　乗松聡子
10月22日　ピーター・カズニック
10月27日　スティーブ・ラブソン
11月12日　ガバン・マコーマック
11月25日　アレクシス・ダデン
12月 8日　キャサリン・ミュージック
12月24日　ジョセフ・ガーソン
2015年 1月13日　ポール・ジョバン
2月 3日　マーク・イーリ
2月12日　ハーバート・P・ビックス
3月 2日　クリスティーン・アン
3月15日　キャサリン・ルッツ
＜以上第1巻＞
4月 8日　ローレンス・レペタ
4月19日　ジーン・ダウニー
5月28日　ジョン・フェッファー
6月17日　ジャン・ユンカーマン
7月13日　デイビッド・バイン
8月 3日　クーハン・パーク
9月14日　オリバー・ストーン／ピーター・カズニック
10月 2日　ジョン・レットマン
10月16日　ロジャー・パルバース
11月 4日　チェ・ソンヒ（崔 誠希）
11月24日　シーラ・ジョンソン
12月16日　カイル・カジヒロ
2016年 2月 2日　デイブ・ウェブ
2月26日　ブルース・ギャグノン
4月22日　クォン・ヒョクテ（権 赫泰）
＜以上第2巻＞
6月21日　ジョージ・ファイファー（インタビュー）
8月22日　リチャード・フォーク
12月24日　アン・ライト
2017年 3月 7日　レジス・トレンブレー
6月20日　マリー・クルーズ・ソト
7月18日　ティム・ショロック
9月25日　ジョン・ダワー①
9月27日　ジョン・ダワー②
9月28日　ジョン・ダワー③
10月 3日　ジョン・ダワー④
10月 7日　乗松聡子（総括）
＜以上第3巻＞

正義への責任③
——世界から沖縄へ

2017年12月1日　初版第1刷発行
琉球新報社編　　監修・翻訳　乗松聡子
発行者　富田　詢一
発行所　琉球新報社
〒900-8525 沖縄県那覇市天久 905
問合せ　琉球新報社読者事業局出版部
TEL　(098) 865-5100
発　売　琉球プロジェクト
印刷所　新星出版株式会社

ISBN 978-4-89742-230-5　C0031
定価は表紙に表示してあります。